Canva Cashflow: Gestalten, vermarkten und profitieren mit Canva.

Canva Cashflow: Gestalten, vermarkten und profitieren mit Canva.

von: Aaron Cockman

Serie: "Klügere Strategien für moderne Unternehmen"
Version 1.1 ~April 2025
Veröffentlicht von Sherry Lee bei KDP

Die in diesem Buch enthaltenen Informationen dienen nur zu Informationszwecken und sind nicht als Quelle für Ratschläge oder Kreditanalysen in Bezug auf das dargestellte Material gedacht. Die in diesem Buch enthaltenen Informationen und/oder Dokumente stellen keine Rechts- oder Finanzberatung dar und sollten niemals ohne vorherige Rücksprache mit einem Finanzfachmann verwendet werden, um festzustellen, was für Ihre individuellen Bedürfnisse am besten geeignet ist.

Der Herausgeber und der Autor geben keine Garantie oder andere Versprechen hinsichtlich der Ergebnisse, die durch die Verwendung des Inhalts dieses Buches erzielt werden können. Sie sollten niemals eine Investitionsentscheidung treffen, ohne vorher Ihren eigenen Finanzberater zu konsultieren und Ihre eigenen Nachforschungen und Sorgfaltsprüfungen durchzuführen. Soweit gesetzlich zulässig, lehnen der Herausgeber und der Autor jegliche Haftung für den Fall ab, dass sich in diesem Buch enthaltene Informationen, Kommentare, Analysen, Meinungen, Ratschläge und/oder Empfehlungen als ungenau, unvollständig oder unzuverlässig erweisen oder zu Investitions- oder anderen Verlusten führen.

Der in diesem Buch enthaltene oder zur Verfügung gestellte Inhalt stellt keine Rechts- oder Anlageberatung dar, und es wird keine Beziehung zwischen Anwalt und Mandant begründet. Der Herausgeber und der Autor stellen dieses Buch und seinen Inhalt auf der Basis "wie besehen" zur Verfügung. Die Nutzung der Informationen in diesem Buch erfolgt auf eigene Gefahr.

Inhaltsübersicht.

EINFÜHRUNG.

Haben Sie schon einmal einen perfekten Flyer oder einen ansprechenden Social-Media-Beitrag gesehen und sich gefragt, wie Sie etwas so Schönes gegen Geld machen können? Ich bin hier, um Ihnen zu sagen: JA, Sie können es. Mit Canva erfährst du, wie du ein passives Einkommen erzielen kannst, indem du deine Designfähigkeiten gegen Geld eintauschst.

Ja, Canva ist ein unglaubliches Tool, das großartiges Design für jedermann zugänglich macht. Dank der intuitiven Drag-and-Drop-Oberfläche und der riesigen Vorlagenbibliothek ist es eine erschwingliche und nahezu reibungslose Möglichkeit, professionelles Design zu erzielen, ohne die intensive Lernkurve anderer Design-Tools. Die Magie liegt jedoch in dem, was Sie aus diesen Designs erstellen können. Ja, bei Canva Cashflow geht es nicht nur darum, visuell ansprechende Inhalte zu erstellen und sie zu Geld zu machen.

Wir sprechen von einem Tool, das so einfach ist, dass die Gestaltung attraktiver sozialer Beiträge, der Verkauf benutzerdefinierter Vorlagen an Online-Käufer und sogar die Werbung für Ihre digitalen Produkte in einem einzigen Programm abgewickelt wird. Klingt gut. Dieses Buch zeigt dir, wie du mit Canva Kreativität in Geld verwandelst.

Wenn du ein Kleinunternehmer, ein Freiberufler oder einfach nur auf der Suche nach einem Nebenerwerb bist, der dir mit deinen Canva-Grafiken ein vorhersehbares Einkommen verschafft, findest du hier deine Schritt-für-Schritt-Anleitung zum Aufbau eines Cashflows mit Canva. Dieses Buch zeigt dir, wie du das volle Potenzial von Canva ausschöpfen kannst, um deine digitalen Produkte zu erstellen und auf Plattformen wie Etsy oder Gumroad zu verkaufen.

Canva Cashflow ist nicht nur ein Design-Handbuch, sondern zeigt Ihnen, wie Sie auf der Grundlage Ihrer kreativen Arbeiten ein solides Geschäft aufbauen können. Du lernst, wie du aus deinen Designs mehrere Einkommensströme generierst, die effektiv vermarktet werden und gleichzeitig Einkommen in Canva generieren.

Bist du bereit, die Macht von Canva zu nutzen und deine Fantasie in ein profitables Unternehmen zu verwandeln?

Hier ist deine Schritt-für-Schritt-Anleitung zu Canva Cashflow. Lassen Sie mich Ihnen helfen, Ihre Leidenschaft zu verfolgen und alle Designs, die Sie sich wünschen, zu verwirklichen!

KAPITEL 1: EINRICHTUNG DES CANVA-KONTOS.

• *So verwenden Sie Canva (Konto einrichten)*

A. Canva: Kostenlose und Pro-Konten.

Canva Kostenlose Version.

-für Anfänger oder Profis.

- Canva Kostenlos, KOSTENLOS.

- Tausende von Vorlagen für soziale Medien und Präsentationen.

- 100.000 Grafiken und tonnenweise Icons, alle kostenlos.

- Leichte Kollaborationsfunktionen ermöglichen es Ihnen, Ihr Design mit anderen zu teilen und es gemeinsam zu bearbeiten.

- Design-Arbeitsbereich - zur Unterstützung bei der Arbeitsorganisation.

Mit Canva Free erhalten Sie einige der besten Funktionen und Extras. Die kostenlose Version ist für Einsteiger oder kleine Projekte geeignet.

Canva Pro Version.

Wenn Sie Ihr Design ernst nehmen wollen, nutzen Sie die zahlreichen kostenlosen Vorteile, die Canva bietet, und steigen Sie auf die Pro-Version um. Mit Pro erhalten Sie:

- Über 75 Millionen hochwertige Fotos, Bilder, Videos und Elemente.

- Fügen Sie Ihre eigenen Schriftarten und Logos hinzu.

- Entfernen Sie mit einem Klick den Hintergrund aus Ihrem bearbeiteten Bild in kürzester Zeit.

- Ein Skalierungstool, das Ihre Inhalte automatisch für verschiedene Plattformen skaliert.

- Die Zusammenarbeit mit Collegial-Funktionen - wie Teamordner und Cloud-Speicher - ist für immer.

- Super-Vorlagen & Animationen unterscheiden sich von normalen Vorlagen.

B. Einrichten Ihres Canva-Arbeitsbereichs.

Anmelden und Einloggen.

Gehen Sie zu Canva und melden Sie sich an oder melden Sie sich mit Google, Facebook, Apple oder Ihrer E-Mail-Adresse an. Nachdem du dich angemeldet hast, wirst du zum Canva-Dashboard weitergeleitet, wo alle deine Designs live sind.

- Einrichten Ihrer Präferenzen

- Passen Sie Ihren Bereich an, um ein gutes Design zu ermöglichen.

- Wählen Sie die Kontoeinstellungen, die Kontosprache und die Region.

- Legen Sie Ihre Zeitzone fest: Dies ist wichtig für die Planung von Beiträgen, die Zusammenarbeit mit Teams in verschiedenen Zeitzonen usw.

- Verknüpfen Sie Social-Media-Konten (Instagram) mit Canva, damit Sie reibungslos posten und gestalten können.

C. Organisation Ihres Arbeitsbereichs.

Ich finde es toll, dass das Canva-Dashboard eines der besten ist und selbständig organisiert ist (so spart man Zeit):

- Ordner: Mit dieser Funktion können Sie Ordner für Designs, Vorlagen und Assets erstellen, die nach Kunden oder Projekten geordnet sind. Das erleichtert die Suche nach dem Gewünschten.

- Teams: Stellen Sie Ihre Teams zusammen, um Reihen von anderen für Entwürfe, SVN-Ordner und für die THIN-Zusammenarbeit zur Verfügung zu haben.

- Uploads - Fügen Sie Bilder, Logos und Schriftarten hinzu, die Sie häufig in Ihren Entwürfen verwenden.

D. Ihr Canva-Entwurf.

Dadurch arbeiten Sie schneller und sind intrinsisch motiviert, sich mit Ihrem Konto zu beschäftigen:

- Marken-Assets: Wenn Sie Canva geschäftlich nutzen, fügen Sie Ihr Logo, Ihre Markenfarben und Schriftarten hinzu, um Konsistenz zu gewährleisten. Das Marken-Kit wird auch in Canva Pro gespeichert, sodass Sie jederzeit darauf zugreifen können.

- Design-Einstellungen: Legen Sie die gewünschte Größe für jede Art von Social-Media-Beitrag oder Präsentation fest, die Sie entwerfen, um Zeit bei der Erstellung neuer Designs zu sparen.

E. Benachrichtigungen & Einstellungen.

Passen Sie die Benachrichtigungen so an, dass sie unser Interesse nicht an unwichtigen Feeds wecken (nur Teamaktivitäten oder Design-Updates). So können Sie sich ohne Ablenkungen ganz auf die Gestaltung konzentrieren.

Wenn Sie Canva richtig konfigurieren und an Ihren Arbeitsablauf anpassen, können Sie wie ein Profi kreativ und effizient arbeiten. Du kannst entweder die kostenlose oder die Pro-Version von Canva verwenden, um deine Designs zu erstellen, da sie alles bietet, was du brauchst, um dein kreatives Konzept zum Leben zu erwecken.

•*Navigieren im Canva-Dashboard.*

Egal, ob du ein Design-Profi bist oder gerade erst anfängst, bei Canva kannst du alle deine designbezogenen Ressourcen speichern. Sie vereinfachen die Erstellung großartiger Designs, von Posts für soziale Medien über Visitenkarten bis hin zu Präsentationen.

Hier sind die Funktionen des Dashboards.

A. Canva Startseite:

Hauptbereiche:-

- Neueste Entwürfe: Klicken Sie hier, um schnell zu Ihrer Arbeit zu gelangen.

-Vorlage: Suchen Sie nach Vorlagen.

- Erstellen Sie einen Entwurf: Klicken Sie darauf, um einen neuen Canva-Bereich mit benutzerdefinierten Abmessungen zu öffnen.

B. Die linke Seitenleiste:

Die wichtigsten Erstellungswerkzeuge befinden sich in der linken Seitenleiste. Im Folgenden werden die Funktionen der einzelnen Abschnitte erläutert:

- Vorlagen: Über Tausende von Vorlagen werden für jeden Anlass verwendet, von Verkaufsberichten bis hin zu Partyeinladungen.

- Uploads: Sie können auch die in Ihren Projekten verwendeten Bilder, Logos und Gestaltungselemente hochladen.

- Fotos: Durchsuchen Sie die riesige Bildbibliothek von Canva nach jedem gewünschten Thema oder Stil.

- Elemente: Erwerben Sie Symbole, Formen, Vektoren und Illustrationen, die Ihr Design verbessern können.

- Text: Geben Sie Text in typografischen Stilen ein, von großen Überschriften bis hin zu feinen Schriftarten, einschließlich Größe, Farbe und Effekte.

- Hintergründe: Wählen Sie aus Unifarben, Texturen oder Mustern, um die Grundlage für Ihr Design zu schaffen.

- Ordner: Gruppieren Sie Entwürfe in Ordnern ("Soziale Medien", "Geschäftsflyer") für einen einfachen Zugriff.

C. Die obere Symbolleiste: Anpassung und Einstellungen.

Die obere Symbolleiste bietet eine Reihe von Werkzeugen für die weitere Bearbeitung Ihrer Entwürfe.

- Rückgängig/Wiederholen: Mit diesen Schaltflächen können Sie Änderungen in der Vergangenheit rückgängig machen oder wiederherstellen.

- Datei-Einstellungen: Ändern Sie Ihr Design in einem Dateimenü durch Speichern, Herunterladen oder Größenänderung.

- Design-Anpassungen: Passen Sie das Foto so an, dass es heller erscheint, mit mehr Kontrast und Sättigung, und wenden Sie einen Unschärfeeffekt an.

- Positionierungswerkzeuge: Mit diesen Werkzeugen können Sie die Schichtung und Ausrichtung der Komponenten Ihres Entwurfs beeinflussen.

- Animation: Animieren Sie Text, Bilder oder sogar Ihr gesamtes Design, um dem Inhalt Leben einzuhauchen.

- Teilen und Zusammenarbeit: Klicken Sie auf Freigeben, um Ihren Entwurf zu bearbeiten oder anzusehen;

D. Die rechte Seitenleiste: Elementanpassung.

In der benutzerdefinierten Seitenleiste können Sie alle spezifischen Elemente für Text, Bilder und Grafiken in Ihrem Entwurf anpassen. Sie können folgende Einstellungen vornehmen:

- Schriftarten: Sie können die Größe, die Schriftart, den Typ, die Farbe, die Abstände und die Effekte anpassen.

- Bild-Filter: Filter anwenden, Helligkeit einstellen und Fotos bearbeiten.

- Positionieren: Feinabstimmung von Elementen und Rändern für ein sauberes Ergebnis.

E. Die Design-Leinwand: Wo die Magie geschieht.

Sie können Elemente ziehen und ablegen, verschieben, in der Größe verändern und bearbeiten, bis Sie das perfekte Design haben. Canva verfügt über eine automatische Speicherfunktion, damit Ihre Arbeit immer sicher ist.

Canva ist eine Cloud-basierte Plattform, die es Ihnen ermöglicht, von überall aus auf Ihre Projekte zuzugreifen und zu arbeiten. Durch die Navigation durch das Canva-Dashboard können Sie mühelos ein professionell aussehendes Design erstellen.

•Grundlegende Gestaltungsprinzipien:

Design ist allgegenwärtig, und wenn Sie die Grundlagen des Designs beherrschen, können Sie ein Logo, einen Facebook-Post oder sogar einen Flyer so gestalten, dass er sich von anderen abhebt. Diese Grundsätze verbessern nicht nur den visuellen Aspekt Ihres Designs, sondern helfen auch, dass es effektiv funktioniert.

Gehen wir die vier Grundlagen Ihres Designs durch, die für einen Aha-Moment sorgen werden: Farbe, Schrift, Balance und Kontrast.

A. Farbe: Die Stimmung bestimmen.

Farbe ist ein leistungsfähiges Werbeinstrument, das Ihr Design auf die nächste Stufe hebt. Zu den wichtigsten Aufgaben von Farben gehört es, Emotionen zu wecken, eine Komposition zu schaffen und ein Markenzeichen zu setzen. Wählen Sie Farben mit einer klaren Absicht für die Botschaft, die Sie vermitteln wollen, und für die Gefühle, die Sie beim Zuhörer oder Betrachter hervorrufen wollen.

Primer der Farbtheorie.

- Primärfarben (Rot, Gelb und Blau) gibt es auch universell.

* Sekundärfarben (Grün, Orange, Violett) sind Kombinationen aus zwei Primärfarben.

* Tertiärfarben (eine Kombination aus Primär- und Sekundärfarben)

Es gibt Farben in zwei Gruppen:

- Warme Farben (Rottöne, Orange), die anregend und würzig sind.

- Kühle Farben: Blau, Grün und Lila sind kühl und beruhigend.

Farbschemata.

- Monochromatisch: Wird verwendet, um den Bereich innerhalb einer einzigen Farbe zu zeigen.

- Analog: Die Farben auf dem Farbkreis passen gut zueinander.

- Komplementär: Die Farben stehen sich auf dem Farbkreis direkt gegenüber, um einen Kontrast zu erzeugen.

- Triadisch - drei Farben in gleichem Abstand zueinander auf einem Farbkreis.

Identität ist alles, außer Farben für Marken. Jede kräftige Farbe, wie z. B. das Rot von Coca-Cola oder das Grün von Starbucks, vermittelt ein Gefühl der Wiedererkennung für die Marke.

B. Typografie: Verbalisierung Ihrer Worte.

Typografie kann die typografische Form und Wirkung von Text sein. Die Schriftart trennt das Gedruckte von einem unsinnigen Stau und lässt Ihre Botschaft anklingen.

Schriftarten.

Serifenschriften - Times New Roman (klassisch und formell)

Schriftart Arial: Liste aller Schriftfamilien//Sans-serif-Schriften // Versailles.

Script-Schriften sind von der Handschrift abgeleitet und bieten ein eleganteres Erscheinungsbild.

- Sie sind die elegantesten Schriftarten und sollten nur für Überschriften oder Logos verwendet werden.

Schriftkombinationen.

Serifen und serifenlose Schriften sind ein zeitloses Paar; beschränken Sie sich auf 2-3 Schriften, um den Eindruck zu vermeiden, dass es sich um Überschriften handelt.

Lesbar und hierarchisch.

Typenhierarchie:

Gewichtete Menge und Fließabstand: Die Überschriften und Texte des Hauptteils müssen gut lesbar sein.

C. Bilanz:

Ausgewogenheit ist wichtig für ein ausgewogenes Design und ein gesundes Aussehen, nicht für ein zu schweres Aussehen. Es gibt drei Arten:

- Symmetrische Balance: weniger traditionell und aktuell, aber nicht gleichmäßig ausgeglichen.

- Asymmetrische Balance: Die Elemente sind ungleichmäßig angeordnet, schaffen aber ein informelles Gleichgewicht.

- Radiale Balance: Elemente, die in einem Radius um einen zentralen Punkt angeordnet sind und Bewegung und Leben hervorbringen.

D. Kontraste: Schlüsselelemente in Szene setzen.

Der Kontrast dient dazu, das Element der Unterschiede hervorzuheben und auf einen Blick zu erkennen, was als wichtig erachtet wird.

Arten von Kontrasten

Farbkontrast.

- Hoher oder niedriger Kontrast - Rot oder Schwarz? Komplementäre Farben machen Beobachtungen deutlicher.

- Größenkontrast: Der Titel gilt als GROSS. Wenn man mehr sieht, sollte man auch mehr Aufmerksamkeit auf sich ziehen, was bedeutet, dass der Größenunterschied berücksichtigt wird.

- Formkontrast: Abgerundete und eckige Formen für den visuellen Kontrast einbeziehen.

- Textur-Kontrast: Glänzende und nicht glänzende Texturen.

Der Punkt ist, dass vorrangige Elemente "auffallen" müssen. Eine Schaltfläche, z. B. ein CTA, sollte im Vergleich zum Rest Ihres Designs besonders hervorgehoben werden.

Design-Grundlagen wie Farben, Typografie, Ausgewogenheit und Kontrast werden Ihre Fähigkeiten verbessern. Mit zunehmender Übung werden sie zum Instinkt und ermöglichen es Ihnen, ästhetisch ansprechende und erfolgreiche Arbeiten zu erstellen. Denken Sie daran, dass es keinen "richtigen" Weg gibt. Lassen Sie Ihrer Fantasie freien Lauf und werden Sie kreativ, wenn es darum geht, wie all diese Elemente zu einer Geschichte zusammenkommen.

KAPITEL 2: Erstellen marktfähiger Designs mit Canva.

•*Den Markt verstehen.*

Die digitale Revolution hat Designern zahlreiche Möglichkeiten eröffnet, in stark nachgefragten Nischen Einkünfte zu erzielen. Da Unternehmen und Menschen auf der ganzen Welt visuelle Inhalte für die Markenbildung nutzen, können Sie Ihre Designfähigkeiten mehr denn je auf die nächste Stufe heben.

Es gibt viele niedrig hängende Früchte, wie z. B. Beiträge für soziale Medien, Präsentationen, eBooks und Ihren Druckbereich, in denen Sie Ihr Fachwissen anwenden und erfolgreich sein können. Hier sind die profitabelsten Design-Nischen, von denen Sie vielleicht noch nichts gehört haben.

1. **Beiträge in den sozialen Medien: Soziale Medien sind das Lebenselixier vieler Marken und Influencer, die ihr Publikum erreichen müssen**. Markenvisualisierungen für Instagram, Facebook und Pinterest sind entscheidend, um auf diesen Plattformen Aufmerksamkeit zu erregen.

Solide Social-Media-Inhalte, die sauber und konsistent sind, werden immer gefragter. Um in diese Nische einzusteigen, könnten Sie benutzerdefinierte Vorlagen, animierte Geschichten oder Social-Media-Banner für Marken erstellen, die online das gleiche Erscheinungsbild haben möchten.

2. **Präsentationen**: Daten in attraktive, visuell aufbereitete Inhalte verwandeln Wir wissen, wie sehr Wirtschaft und Bildung von gut gestalteten Präsentationen profitieren. Ganz gleich, ob Sie an einem Unternehmens-Pitch oder einem Online-Kurs arbeiten, Ihre Präsentationen machen den Unterschied.

Erstellen Sie benutzerdefinierte PowerPoint-Präsentationen für Google Slides oder Canva-Vorlagen, wenn Sie sich mit Innenarchitektur und visuellen Erzählungen auskennen. Vorgefertigte Slide

Decks oder Datenvisualisierungsdienste für die Anforderungen von Unternehmen und Bildungseinrichtungen - denken Sie darüber nach.

3. **E-Books und digitale Leitfäden:** Der Bedarf an E-Books und digitalen Leitfäden steigt im Tandem mit dem Wachstum von Self-Publishing und Online-Lernen. Blogger und Unternehmer sind bestrebt, das leichteste, raffinierteste und professionellste E-Book zu erstellen, Wissen weiterzugeben und ihre Marke zu fördern. Sie könnten Dienstleistungen wie eBook-Coverdesign, Innenlayouts und interaktive PDFs anbieten, um die Nutzererfahrung Ihres eBooks zu verbessern.

4. **Design drucken**: Das digitale Design ist zwar wichtig, aber das Printdesign ist für das Marketing ebenso wertvoll. Die Verwendung von Drucksachen wie Broschüren, Flyern, Visitenkarten und Veranstaltungsplakaten dient als Mittel zur Kontaktaufnahme mit lokalen Unternehmen, ergänzt durch die Förderung von Dienstleistungen.

Dies ist ein hervorragender Bereich, den Sie erkunden können, wenn Sie sich mit Digital- und Druckdesign auskennen (oder Spaß daran haben). Entscheiden Sie sich für die Erstellung von Marketingmaterialien für kleine Unternehmen, Veranstaltungsplaner oder Firmen, die professionelles Druckmaterial benötigen.

5. **Web und mobile Grafiken**: Der Bedarf an Web- und Mobilgrafiken hat zugenommen, da Unternehmen versuchen, eine anspruchsvollere digitale Präsenz aufzubauen. Sie können Website-Banner, Symbole für mobile Apps und UI-Elemente entwerfen, die das Leben der Nutzer so einfach wie möglich machen. Perfekt, wenn Sie Assets entwerfen möchten, die sowohl ästhetisch ansprechend als auch einfach für die Nutzer sind.

6. **Online-Kurse und digitale Produkte**—Mit der Ausweitung von Online-Kursen und digitalen Produkten haben Designer neue Möglichkeiten gefunden.

Ganz gleich, ob es um die Gestaltung von Vorlagen für Kursinhalte, digitale Planer oder Arbeitsmappen-Layouts geht, die Ersteller von Bildungsinhalten und Unternehmer sind immer auf der Suche nach Designdienstleistungen. Bieten Sie Lösungen an, um die Qualität der verfügbaren Online-Lernmaterialien zu verbessern, und unterstützen Sie Kursersteller und

Unternehmen dabei, ihre Marken richtig zu positionieren.

Letztendlich geht es bei der Bestimmung der richtigen Design-Nische darum, zu verstehen, was Sie erstellen möchten, und zu erkennen, dass es auf dem Markt eine Nachfrage für Ihr Design gibt. In dieser Hinsicht können Sie sich durch die Ausrichtung auf Beiträge in sozialen Medien, Präsentationen, eBooks und digitale Produkte bei der Gestaltung wunderbarer Orte abheben.

•*Entwerfen für Profit:*

Sie brauchen skalierbare Produkte, um Ihre Designfähigkeiten langfristig zu monetarisieren. Anstatt sich auf chronische Kundenprojekte zu konzentrieren, ist es effektiver, Produkte zu entwickeln, die sich mehrfach verkaufen lassen, als dies jedes Mal zu tun. Die Gestaltung von Vorlagen, digitalen Produkten und Markenmaterialien kann Ihnen helfen, Ihre passiven Einkommensströme aufzubauen, indem Sie ein großes Publikum erreichen.

Erfahren Sie, wie Sie mit marktfähigen Designprodukten Gewinn machen können:

A. Schablonen: Design ohne Aufwand - jedes Mal.

Vorlagen sind eine der einfachsten Möglichkeiten, wiederkehrende Designs zu erstellen. Mit minimalem Aufwand können Sie eine Vorlage an mehrere Kunden verkaufen. Vorlagen eignen sich hervorragend für Social-Media-Beiträge, Präsentationen oder Website-Banner, da sie Zeit sparen und ein professionelles Aussehen gewährleisten, ohne dass ein Designer beauftragt werden muss.

Warum sich Vorlagen verkaufen:

- Zeitersparnis: Vorlagen für Unternehmer und Vermarkter, die einen zeitsparenden Zugang schätzen.

- Einfache Personalisierung: Auf Plattformen wie Canva können Kunden ihre Entwürfe leicht bearbeiten.

B. Digitale Produkte:

Dazu gehören Gratisartikel, Planer und E-Books. Sie erstellen sie einmal und müssen sie nie wieder erstellen.

Warum digitale Produkte verkaufen?

- Geringe Gemeinkosten:

- Internationaler Markt:

- Kunden können Produkte herunterladen und sofort nutzen.

- Mehr verkaufen durch Bündelung

C. Gebrandeter Inhalt.

Dieses benutzerdefinierte Design wird für Ihre Social-Media-Vorlagen, Ihr Logo und marketingbezogene Dinge verwendet. Dies ist eine feine Nische, da Unternehmen das Design oft in großen Mengen kaufen und ihr Geld in ein Design investieren, das buchstäblich repräsentativ für ihr Unternehmen ist.

Warum sich markengeschützte Inhalte verkaufen.

Konsistenz der Marke: Ihre Marke muss in allen Ihren Medien konsistent sein.

- Mehrwertdienste: - Sweeten Solution, Mehrwertdienste: Wir bieten eine umfassende visuelle Identität, die Ihr bereits großartiges Branding ergänzt.

Tipps:

- Für Designpakete (für Logos / Vorlagen für soziale Medien / Visitenkarten)

- Kennen Sie Ihren Kunden und dessen Zielgruppe, um eine Botschaft zu formulieren, mit der er/sie sich identifizieren kann.

- Achten Sie immer auf konsistente Designaspekte wie Farbpalette und Sprache.

D. Verkaufen Sie Ihr Design.

Wo verkaufen:

- Etsy: digitale Produkte (soziales Netzwerk).

- Gumroad: schnell für den Einzelverkauf.

-Ihre Website: Hier haben Sie freie Hand, und es ist der beste Weg, Ihre Marke aufzubauen.

TIPPS:

-Beherrschen Sie eine konsistente visuelle und verbale Marke für Ihr Produkt.

- Verfügen Sie über ein Portfolio oder Ihre Website, um Ihre Arbeiten zu zeigen.

- Vermarkten Sie Ihre Produkte über soziale Medien und E-Mail-Marketing.

E. Maximieren Sie Ihren Gewinn.

Wenn Ihre Produktlinie fein abgestimmt ist, versuchen Sie es mit Exklusivangeboten, Verkäufen oder der Möglichkeit, sie anzupassen, um zusätzliches Geld zu verdienen. Skalierbarkeit ist hier das A und O - je mehr Sie mit Ihren Designs bei minimalem Aufwand Geld verdienen können.

Mit dem Verkauf von Vorlagen, digitalen Produkten und Markeninhalten können Sie Ihre Designfähigkeiten in ein profitables Geschäft verwandeln und ein Branding schaffen, das die Realität hinter Ihrer Kreativität widerspiegelt.

•Vorlagen für Ihr Publikum anpassen.

Bei der Erstellung einer Designvorlage geht es um Ästhetik und darum, sie an die Bedürfnisse und das Publikum Ihres Kunden anzupassen. Ihr Kunde kann ein kleines Unternehmen, ein Influencer oder eine Non-Profit-Organisation sein - jeder braucht eine individuelle Lösung. Vorlagen können mit Wörtern und Bildern so verändert werden, dass sie zu jedem Kunden passen, und jede Funktion kann perfekt auf die Stimme und die Werte der Marke abgestimmt werden.

Im Folgenden werden einige effektive Möglichkeiten zur Personalisierung von Vorlagen je nach Kunde und Branche vorgestellt:

A. Sie müssen die Markenidentität verstehen.

Design ist der Schlüssel, nachdem die Arbeit des Kunden erledigt ist, und es beginnt damit, dass man genau weiß, was die Arbeit des Kunden beinhaltet. Was sind insbesondere die Ziele und wer ist der Endverbraucher? Alle Marken haben ein visuelles

Vokabular, ob verspielt, professionell oder minimalistisch. Um ein auf den Inhalt zugeschnittenes Design zu erhalten, stellen Sie dem Kunden folgende Fragen:

- Was sind die Werte und die Mission Ihrer Marke?

- Wen sprechen Sie an?

- Wogegen richtet sich Ihre Marke konkret? Vermeiden Sie Schriftarten und Farben, die Sie falsch darstellen.

Diese Antworten werden Ihnen helfen, Ihre Vision in das Design zu integrieren.

B. Anpassen von Designelementen für die Industrie.

Die Erwartungen an die Gestaltung sind je nach Branche unterschiedlich. Hier sind einige der Stellen, an denen Sie Schlüsselelemente ändern können:

- Farbe: Farben erzählen eine Geschichte und definieren die Markenidentität. Nur wenige (wenn überhaupt) Tech-Marken verwenden ruhige Rosa- oder Teetöne, um Vertrauen zu signalisieren;

Wellness-Marken tendieren zu beruhigenden Grün- und Blautönen.

-Typografie: Dies ist der Umgangston der Schrift. Für den Unternehmensbereich sollten Sie an Schriften wie Helvetica oder andere neutrale, moderne Schriften für Unternehmensmarken denken.

- Bildmaterial: Wählen Sie Bilder, die mit den Werten Ihrer Marke übereinstimmen.

C. Plattform mit Zweckbestimmung.

Erstellen Sie Designvorlagen für mehrere Plattformen:

- SOCIAL: Slapshot und Glauk Novel Design extrem klein und auf jedem Gerät lesbar.

-Präsentation: Sauber, aber gut aussehend, nicht zu hart für das Auge Layout-Schriften.

Fokus auf eBooks / Online-Kurse: Funktionale und ästhetische Aufmerksamkeit: Sie sind zum Lesen gedacht; die Überschriften sind so gestaltet, dass sie nicht undurchsichtig oder gar unlesbar sind.

-Anpassung des Designs an die Plattform (kein Anwendungsfall sollte schlechter sein als ein anderer).

-Ermöglichen Sie Ihrem Publikum die beste Erfahrung.

Eine gute Designvorlage ist relativ zu Ihrer Zielgruppe. Denken Sie darüber nach:

- Alter: Das junge Zielpublikum sollte sich mit Farbe und modernen Schriftarten anfreunden können, während klassische, formatierte Designs eher auf ältere Zielgruppen ausgerichtet sind.

- Einfluss auf die Kultur: Designvorlieben sind lokal. Farben haben kulturelle Bedeutungen, also ja, recherchieren Sie.

- Bleiben Sie mit den Designs der Industrie auf dem Laufenden: Die Modebranche mag Minimalismus lieben, aber Lebensmittelmarken stehen auf lustige, kopierte Bilder.

Sie sollten Vorlagen mit Relevanz und Frische entwerfen, damit die Leute verstehen, dass Ihr Publikum sie auswählt (und nicht gezwungen ist, sie zu verwenden).

D. Konsistenz bei allen Ihren Materialien.

Konsistenz ist ein wichtiger Aspekt der Markenerinnerung. Wenn Sie zum Beispiel Vorlagen für soziale Medien oder Verpackungen erstellen, sollten die benötigten Farben, Schriftarten und Bilder mit den Unterscheidungsmerkmalen der Marke übereinstimmen. Ein Marken-Styleguide für die Konsistenz aller Designmaterialien wäre großartig, auch wenn er tief in einem Ordner vergraben ist.

E. Testen und Feedback einholen.

Nachdem die Vorlagen entwickelt wurden, lassen Sie sie durchgehen und geben Sie Ihrem Kunden Feedback.

Möglicherweise haben die Kunden individuelle Präferenzen oder Ideen, die nicht zum Vorschein kamen, und das Onboarding-Konzept könnte länger dauern als erwartet. Das Feedback ist die Grundlage für das Design und den Prozess, damit Sie ihn weiter verbessern können.

In Wirklichkeit geht es bei der Anpassung dieser Vorlagen um mehr als Ästhetik. Sie haucht den Designs, die die Marke und ihre Zielgruppe wünschen, Leben ein. Die Konzentration auf das Wesentliche und die Gewährleistung von Konsistenz führen zu Vorlagen, die Ihre Agentur von anderen abheben.

- ***Tipps für auffällige Designs.***

Canva bietet zahlreiche Design-Optionen, mit denen du deine Kreationen auf die nächste Stufe heben kannst. Sie reichen von frech bis prägnant und sorgen für Professionalität und Effektivität.

Befolgen Sie diese Profi-Tipps, um das Beste aus den leistungsstarken Tools von Canva herauszuholen.

A. Gitternetze zur Strukturierung verwenden.

Raster sind zu gut organisiert und ausgewogene Designs wie vierundzwanzig Karat Gold ist ein großes Portfolio. Sie helfen sicherzustellen, dass die Dinge mit Bedacht platziert werden und nicht zufällig oder zu breit, um richtig auszusehen. Verwendung von Rastern in Canva (0-3)

- Wählen Sie ein Rasterlayout: Wählen Sie zunächst auf der Registerkarte "Elemente" ein Raster aus. Sie können zwischen einfach zu bearbeitenden Layouts oder aufwendigeren Layouts für Collagen wählen.

- Objekte platzieren: Sie sollten Ihre Inhalte in den festgelegten Rasterabschnitten platzieren. Canva zentriert den Inhalt, so dass alles auf natürliche Weise aneinander ausgerichtet wird.

Gleichgewicht herstellen: Raster stellen ein Gleichgewicht in Ihrem Design her, so dass es absichtlich so aussieht, dass es gelesen werden kann und die Augen des Betrachters lenkt.

B. Elemente an Ort und Stelle ausrichten.

Ausrichtung: Sie bietet eine Grundlage und wirkt professionell. Nicht die Ausrichtungswerkzeuge in Canva, die Ihnen helfen, alles richtig einzustellen:

- An Hilfslinien einrasten: Richten Sie Ihre Elemente an Hilfslinien aus, wenn Sie sich bewegen, und alles wird entweder an Objekten, der Seite selbst oder der zentralen Referenz ausgerichtet.

- Gleichmäßige Abstände: Verwenden Sie das Positionswerkzeug, um Elemente seitlich auszurichten, damit der Entwurf nicht zu eng wirkt.

- Zentrieren: Alles soll dort sein, wo es hingehört; Ihr Titel sollte gut zentriert aussehen.

C. Erweiterte Bearbeitungswerkzeuge.

Hier können Sie Gründe und Unterschiede zu Ihrem Entwurf hinzufügen:

Fotofilter und -verbesserer: Verändern Sie Helligkeit und Kontrast des Bildes mit stilvollen Effekten wie "Vignette", "Graustufen" usw.

- Hintergrund-Entferner: Entfernen Sie Hintergründe aus Bildern, um ein sauberes, professionelles Bild zu erhalten.

- Ebenen/Schattierung und Deckkraft: Legen Sie alle Elemente übereinander, so dass sie genug Abstand haben, um Tiefe zu vermitteln, aber nicht so viel, dass es den Betrachter stört.

D. Koordinierte Farbschemata sicherstellen.

Ein schön gestaltetes Design sollte diese Konsistenz widerspiegeln.

Canva ist unkompliziert in der Pflege des Farbschemas.

- Benutzerdefinierte Farbpaletten - Sie können Paletten speichern, die zu Ihrer Marke (oder Ihrer Stimmung) passen, um sie wiederholt zu verwenden.

-Farbwähler: Verwenden Sie den Farbwähler [um] eine perfekte Komplementärfarbe zu finden; so sehen alle Elemente Ihres Designs zusammen hervorragend aus.

Ein einheitliches Farbthema macht eine Marke aus und bindet Ihr Design.

E. Nutzen Sie die Abstände und Ränder Ihrer Dokumente für übersichtliche Kreisdesigns.

Organisch wirkt schlampig und unordentlich. Richtige Abstände und Ränder sind das A und O, um Ihr Design elegant zu halten.

- Abstände und Ränder verändern das Erscheinungsbild: Verstärken Sie die Erzeugung von Text oder Bildern in der Umgebung, damit die Elemente nicht eingeengt wirken.

-Whitespace: Der Raum Ihres Designs schafft Distanz und führt den Betrachter dorthin, wo die Musik ist.

Wenn die Abstände richtig eingesetzt werden, hat Ihr Werk einen Sinn für Struktur und Ordnung, ohne dass es wie harte Arbeit wirkt.

F. Animationen einbeziehen und interaktiv machen.

Canva bietet auch andere Animationen und interaktive Elemente für Ihre Entwürfe, die sich auch für digitale Anwendungen eignen:

-Text/Objekt animieren: Animieren Sie den Text oder die Bilder in Ihrem Entwurf. Die besten Animationen sind subtil, damit Sie nicht vom Inhalt abgelenkt werden.

- Interaktive Links: Fügen Sie bei der Erstellung anklickbare Links ein, um Ihr Design für digitale

Produkte wie eBooks oder Präsentationen ansprechend zu gestalten.

Solche dynamischen Funktionen peppen Ihr Design auf und machen es in der riesigen digitalen Welt interaktiver.

Wenn Sie diese Tools erlernen, können Sie Ihre Canva-Designs beschleunigen und schöne, wirkungsvolle Visuals erstellen, die das Publikum ansprechen.

KAPITEL 3: WIE MAN SEINE CANVA-KREATIONEN VERMARKTET.

•*Aufbau Ihrer Marke.*

Auf dem hart umkämpften Markt von heute ist die Schaffung eines eindeutigen, wiedererkennbaren Namens unerlässlich, um sich von der Masse abzuheben. Egal, ob Sie Kleinunternehmer, freiberuflicher Schriftsteller oder Geschäftsinhaber sind, Ihre Markenidentität ist der Schlüssel, um Ihr Publikum zu erreichen. Sie müssen kein preisgekrönter Designer sein, um eine kohärente und professionelle Marke zu schaffen. Canva ist eine starke Plattform, die dir hilft, deine Markenidentität von Grund auf aufzubauen.

1. Festlegung der Persönlichkeit und der Werte der Marke.

Ab Schritt 2 ist das Design Ihr Freund. Bevor Sie etwas zeichnen, sollten Sie wissen, wer Ihre Marke ist.

Was ist Ihr Unternehmen? Ist es spielerisch und lustig oder professionell und anspruchsvoll?

Diese Werte werden Ihre Designentscheidungen bestimmen und Sie zu einer "Marke für Menschen" machen, mit der sich Ihre Zielgruppe identifizieren kann. Überlegen Sie, was Ihre Botschaft sein soll (Nachhaltigkeit, Innovation oder Kundenorientierung). Diese Ideen sind die Grundlage für Ihre Markenidentität.

2. Wählen Sie Ihre wichtigsten visuellen Elemente

Ihre visuellen Elemente sind das Erste, was die Leute sehen, also ist es sehr wichtig, sie gut auszuwählen. Canva bietet zwar anpassbare Vorlagen, aber Sie müssen Ihre grundlegenden visuellen Komponenten selbst festlegen:

- Das Logo: Ihr Logo ist Ihre Marke. Mit dem Canvas Logo Maker können Sie ein Logo erstellen, das mit der Persönlichkeit der Marke übereinstimmt. Es sollte einfach, einprägsam und anpassungsfähig sein.

- Farbpalette: Farben rufen Gefühle hervor und an welche Farben Sie sich erinnern. Wählen Sie 3-5 Farben aus, die mit Ihrer Marke korrelieren. Für Vertrauen wird Blau verwendet, für Optimismus Gelb und für Leidenschaft Rot.

-Schriftarten auswählen: Wählen Sie einige wenige aus, die eine gute Kombination darstellen. Um in allen Bereichen einheitlich zu bleiben, sollten Sie keine Schriftarten für verschiedene Plattformen verwenden.

-Lesbarkeit: Verwenden Sie Schriftarten, die nicht zu ausgefallen sind, aber dennoch lesbar, stilgerecht und für Ihre Marke relevant sind.

3. Schaffen Sie eine konsistente Markenstimme.

Ihr visuelles Erscheinungsbild ist ebenso wichtig wie Ihre Botschaften. Der Ton ist die Markenpersönlichkeit Ihrer Kommunikation. Ob über soziale Medien, E-Mails oder Ihre Website - Konsistenz ist alles.

Sie können Canvas-Vorlagen verwenden, um sicherzustellen, dass Ihre Stimme freundlich und gesprächig oder absolut formell und verbindlich ist. Achten Sie darauf, dass Sie vom ersten Moment an einen einheitlichen Stil verwenden, damit Ihr Publikum Ihnen vertrauen kann.

4. Designvorlagen für Wiederverwendung, Konsistenz.

Bewahren Sie die Konsistenz Ihres Brandings durch Wiederholungen - wie? Halten Sie die Konsistenz aufrecht, indem Sie wiederverwendbare Vorlagen für die Gestaltung verwenden. Erstellen Sie mit Canva atemberaubende Designs, die Sie für jede Veranstaltung in sozialen Medien, auf Flyern und in E-Mail-Newslettern wiederverwenden können. Speichere diese Vorlagen in Canva, um die Konsistenz deines Markenauftritts über alle Plattformen hinweg zu gewährleisten.

5. Schneiden Sie Ihr Branding für verschiedene Plattformen zu.

Jede Plattform hat ihre eigenen Anforderungen und ihren eigenen Stil, und Canva hilft dir, deine Designs an diese anzupassen. Mit Canva gibt es für jede Plattform (Facebook-Cover, Instagram-Post, Visitenkarte oder was auch immer Ihre Plattform verwendet) Voreinstellungen, die auf die Abmessungen und das Format der jeweiligen Plattform abgestimmt sind.

Stellen Sie sicher, dass die Markenidentität an allen wichtigen Berührungspunkten mit Ihrer Marke präsent ist - das ist entscheidend für jeden, der in Ihrer Zielgruppe einen Treffer landet.

6. Verwenden Sie das Canva Brand Kit.

Das Brand Kit von Canva Pro ist fantastisch und sorgt für ein einheitliches Branding. Mit der Canva-Steuerung können Sie Firmenlogos und Farbschriften verwalten. Sie können die Marke so schnell wie möglich in jedes neue Design einfügen und so viel Zeit sparen, was die Parteilichkeit steigert!

7. Fragen Sie nach Feedback, verfeinern Sie Ihre Marke.

Eine Markenidentität ist alles andere als eine Einbahnstraße. Tauschen Sie sich mit Ihrem Publikum oder Ihren Kollegen aus, wenn Sie Ihre Marke aufwerten wollen. Canva: Die gemeinsame Nutzung ist eine der besten Funktionen, die dir helfen, Feedback zu erhalten und deine Marke mit der Zeit zu stärken.

Gestalten Sie eine professionelle, einheitliche Markenidentität mit Blick auf Ihr Publikum - egal, ob Sie sich für ein kreatives Design (Logo) oder eine konsistente Botschaft für alle anderen Elemente entscheiden - alles mit Hilfe der robusten Tools von Canva.

•*Strategie für soziale Medien:*

Mit den einfachen Tools und Vorlagen von Canva können Sie ganz einfach beeindruckende Grafiken erstellen, die Ihre Beiträge in den sozialen Medien auf die nächste Stufe heben. Hier werden wir Canva und die auf Instagram, Facebook, Pinterest und LinkedIn verwendete Vorlage vorstellen.

1. Instagram: Der visuelle Geschichtenerzähler.

Visuelle Ideen helfen Instagram mit dem notwendigen Fokus auf Bilder, und es wird Sie mit. Denken Sie daran: Ihr Profil muss den Charakter Ihrer Marke und ihre Werte widerspiegeln. Befolgen Sie diese Schritte für Canva:

- Standardvorlagen - Holen Sie sich Vorlagen in Canva, damit das Thema Ihres Feeds im gesamten Web gleich ist und die Farben, Schriftarten und das allgemeine Aussehen Ihrer Marke ähneln.

- Verwenden Sie hochauflösende Bilder: Stock-Fotos, wie das rechts in der Canvas-Bibliothek, ersparen Ihnen die Zeit, die Sie mit der Suche nach einem klischeehaften "Stock-Foto"-Look verschwenden würden.

- Interaktive Geschichten: Erstellen Sie Instagram Stories mit Canva-Vorlagen, um Events zu bewerben, kleine Einblicke oder süße Tipps zu teilen und vieles mehr - alles im Look Ihrer Marke.

- Abdeckungen: Highlight @ Custom, erstellen Sie Ihre Highlight-Cover auf Canva für einen professionellen, eleganten Profil-Look, den ich empfehle.

Verwenden Sie die Canva-Tools, um Ihre Fotos und Geschichten so zu gestalten, dass sie zu Ihrer Marke passen und das Erscheinungsbild konsistent bleibt.

2. Facebook: Engagieren Sie sich.

Bei Facebook ging und geht es immer noch darum, mit seinen über eine Milliarde Nutzern in Kontakt zu treten (Interaktion ist ein Teil davon), seit Canva zur Erstellung inspirierender Inhalte eingesetzt wird.

- Titelbilder: Bieten Sie professionelle Cover-Fotos mit Canva-Vorlagen an, die sich perfekt anpassen lassen.

- Teilbare Beiträge: Weisen Sie Canva an, die richtige Art von Beiträgen zu erstellen, die Ihr Publikum teilen wird (z. B. Zitat, Werbung, Meme)

- Werbung für Veranstaltungen: Die Gestaltung von Bannern für Veranstaltungen mit Canva macht es einfach, Banner zu entwerfen, die Ihre Marke präsentieren und Ihre Veranstaltung bewerben.

-Anzeigen und gesponserte InhalteCanva verfügt über benutzerfreundliche Tools, mit denen Sie Anzeigen entwerfen können, die glänzen und den Verkehr auf Ihre Website lenken.

Mit den von Canva erstellten Inhalten können Sie Ihre Botschaft auf Ihrer Facebook-Seite verbreiten und die Reichweite und das Engagement erhöhen.

3. Pinterest: Traffic mit beeindruckenden Pins steigern.

Pinterest ist eine visuelle Suchmaschine, die es den Menschen ermöglicht, nach Inspiration zu suchen. Canva eignet sich hervorragend, um Besucher auf Ihre Website zu leiten.

- Lange Pins - Das beste Format auf Pinterest: Verwenden Sie Vorlagen von Canva, um lange Pins zu erstellen.

- Fett gedruckter, leicht lesbarer Text: Eine ausgefeilte Typografie und leicht verständliche

Handlungsaufforderungen ("Mehr erfahren" | "Jetzt einkaufen") zeichnen Ihre Canva-Bilder aus.

- Hochwertige Bilder: Mit dem Canva-Editor können Sie Ihre Fotos aufpeppen, damit Ihre Pins professionell und ansprechend aussehen.

- Konsistenz: Das Erstellen und Speichern von Pinnwänden, das Erstellen von Vorlagen und ein ähnliches Aussehen aller Ihrer Pinterest-Pinnwände tragen zum Aufbau Ihrer Unternehmensmarke bei.

Alle Canva-Tools zum Hinzufügen von aufmerksamkeitsstarken Pins, die den Traffic auf Ihre Website zurückführen.

4. LinkedIn: Professionelle Designs.

LinkedIn ist in erster Linie für die Arbeit gedacht, und mit Canva können Sie langweilige Geschäftsinhalte ästhetisch aufwerten.

- LinkedIn-Banner: Erstellen Sie mit den vielseitigen Canva-Vorlagen ein sauberes, professionelles Markenbanner.

- Infografiken: Erstellen Sie mit Canva nützliche und attraktive Infografiken, um die wichtigsten Informationen oder Erkenntnisse zu vermitteln.

- Beiträge und Artikel: Peppen Sie Ihre LinkedIn-Beiträge in Canva auf, um sie zu optimieren und auf den Punkt zu bringen.

- Anzeigen und gesponserte Inhalte: Die Canva-Vorlagen für B2B-Anzeigen bieten ein stilisiertes Bild mit hohem Produktionswert, das Menschen zum Klicken bringt.

Mit Canva können Sie Inhalte erstellen, die Ihre LinkedIn-Präsenz hervorheben und aufwerten und Ihre Professionalität von einer moderneren Seite zeigen.

Mit Canva für die Erstellung sozialer Beiträge können Sie optisch ansprechende, einheitliche und markenbezogene Inhalte erstellen, die Ihr Publikum begeistern.

• *Marketing durch Erstellung von Inhalten.*

Die Erstellung unwiderstehlicher Marketingmaterialien ist für jedes Unternehmen, ob groß oder klein, ob Unternehmer oder große Organisation, unerlässlich.

Ein gut gemachtes Material kann der perfekte Eisbrecher sein, der Sie die Grundlagen verstehen lässt und potenzielle Kunden zur Konvertierung anregt. Tools wie Canva können Ihnen dabei helfen, all dies professionell zu gestalten (Broschüren, Flyer, E-Mail-Vorlagen, Anzeigen) - mit einfachen Designkenntnissen oder ohne Design-Software.

Jetzt werden wir im Detail besprechen, wie Sie die Marketing-Tools, die Ihnen zur Verfügung stehen, gestalten und anwenden, um Ihre Marke auf dem Markt so zu bewerben, wie es sein sollte.

1 Gestaltete Broschüren: Informatives Bild geteilt.

Eine Broschüre für Produkte, Dienstleistungen oder Veranstaltungen wurde erstellt. Befolgen Sie die folgenden Schritte, um Ihr Design auf individuelle Weise zu gestalten.

- Bleiben Sie bei der Kernbotschaft: Die Kernbotschaft Ihrer Broschüre ist EINE. Haben Sie ein Produkt-Highlight oder eine Veranstaltung? Achten Sie darauf, dass Ihr Hauptthema nicht untergeht.

Bilder von guter Qualität: Verwenden Sie hochauflösende Bilder, die zu Ihrer Marke passen. Canva bietet verschiedene Stockbilder an, oder Sie können Ihre eigenen hochladen.

- Lassen Sie es atmen: Überladen Sie nicht. Fügen Sie ein wenig Weißraum ein, um zwischen Text und Bildern zu unterscheiden.

- Starke CTA - Ihre CTA sollte nicht im Regen stehen gelassen werden; leiten Sie den Leser einen Schritt weiter (z. B. können Sie ihn auffordern, auf eine Webseite zu klicken oder ihn anrufen lassen, um weitere Informationen zu erhalten).

- Vorlagen - Benutzer können sich die Mühe sparen, von vorne anzufangen, indem sie eine Broschüre mit Canva-Vorlagen erstellen.

2. Flugblätter:

Verwenden Sie sie für Verkäufe, Veranstaltungen oder besondere Flugblattankündigungen. Sie sind zu kurz, also müssen Sie sie kurz und bündig halten.

- Fettgedruckte Schlagzeilen: Die Überschrift muss fett sein und den größten Bonus oder das größte Angebot daraus hervorheben.

- Große Schriftarten: Mit großen und fetten Schriftarten könnte die Überschrift hervorstechen.

- Einfach halten: Fassen Sie den Text kurz und verwenden Sie Aufzählungspunkte, um ein schnelles Überfliegen zu ermöglichen.

- Helle Farben und Kontraste: Ihre Texte sollten kurze, kräftige Farben haben, die nicht um Aufmerksamkeit ringen. Canva-Vorlagen zeigen Ihnen ein Farbschema, das zu anderen Designelementen passt.

- Kontakt: Speichern Sie alle wichtigen Nummern, Handles für soziale Medien oder Websites. Click-to-Call: Ihr CTA wird viral und wird deutlich (verwenden Sie Click-to-Sell).

Sie können visuell schöne Leadmagneten erstellen, indem Sie auf Canva einprägsame Flyer entwerfen.

3) E-Mail-Vorlagen: Diese Einhaltung und Interaktion werden zu Mustern.

Wir können also Vorlagen verwenden, um mit Kunden über E-Mail-Marketing zu interagieren.

- Markenkonform: Alle Schriftarten, Farben und Logos sollten markenkonform sein, damit Sie Vertrauen und Wiedererkennungswert beim Publikum gewinnen.

- Übersichtliches Layout: Halten Sie die Zwischenüberschriften und Aufzählungspunkte in Ihrer E-Mail übersichtlich, damit die Leser schnell finden können, was sie brauchen. Canva bietet Vorlagen für mobile Endgeräte, so dass Ihre E-Mails nicht nur auf dem Desktop, sondern auch auf dem Handy gut aussehen.

- Auffälliges Bildmaterial: Gute Bilder helfen, den Text zu verbreiten; Sie können ein hochwertiges Bild in Ihre E-Mail einfügen. Verwenden Sie Canva-Bilder, die mit Ihrer Botschaft übereinstimmen.

- Personalisierter Inhalt: Passen Sie Ihre E-Mails an den Empfänger an. Dazu gehören natürlich auch individuelle Betreffzeilen oder Begrüßungen.

- Klarer und einprägsamer CTA: Ihr CTA sollte der auffälligste und sichtbarste Teil Ihrer Seite sein, damit der Leser auf Ihre Website/Ihr Angebot geleitet wird.

Mit anpassbaren E-Mail-Vorlagen können Sie fantastisch aussehende E-Mails erstellen, ohne dass Sie sich mit Kodierung auskennen müssen.

4. Anzeigen entwerfen: Klick-würdige Kampagnen.

Bildmaterial für digitale Anzeigen wie Facebook/Google und Instagram sollte ansprechend sein und innerhalb einer Sekunde zum Handeln anregen:

- Verwenden Sie Bildmaterial, um die Aufmerksamkeit zu erregen: Setzen Sie auf aufmerksamkeitsstarke Bilder oder Videos. ABER die Bibliothek mit kostenlosen Fotos und Illustrationen von Canva kann Ihnen dabei behilflich sein.

- Minimaler Text: Der Text sollte einfach sein, und Sie sollten Ihre Meinung sagen dürfen. Mit Canva können Sie Text überall in Bilder einfügen - der Text wird lesbar und stilvoll sein.

- Heben Sie Ihr Angebot hervor: Ihr Angebot muss offensichtlich und groß sein. Nutzen Sie einige der Funktionen von Canva, um das CTA praktisch unverhandelbar zu machen.

- Testen Sie Variationen: Canva verfügt über eine Funktion, die die Erstellung zahlreicher Anzeigendesigns für A/B-Tests vereinfacht.

Spielen Sie mit ein paar Bildern für verschiedene Layouts und Botschaften und sehen Sie, welches die Aufmerksamkeit Ihrer Zielgruppe erregt.

Mit den Canva-Anzeigenvorlagen können Sie attraktive Anzeigen erstellen, die das Engagement und die Konversion steigern.

Kurz gesagt: Mit Canva können Sie Broschüren, Prospekte, E-Mail-Vorlagen oder Anzeigen erstellen, aber Sie haben es schwer, sie zu gestalten und zu formulieren. Eine intuitive Benutzeroberfläche und zahlreiche Vorlagen helfen Ihnen, Ihre Marketingbotschaft zu vermitteln.

•*Eco Frost Online-Präsenz erstellen.*

Unsere Website, unser Portfolio und unsere Landing Pages sind in der Regel die ersten Berührungspunkte, die Kunden mit Ihrer Marke haben. Sie sollten Ihre Professionalität, Ihre Persönlichkeit und Ihr Wertversprechen präsentieren und den Besucher dazu bringen, den nächsten Schritt zu tun.

Richten Sie Ihre Online-Präsenz so ein, dass sie ultracool und verlockend ist (schöne Websites, Portfolios und Landing Pages, die mit den Design-Tools von Canva effizient funktionieren).

1. Website-Erstellung: Praktisch und maßgeschneidert.

Die Gestaltung einer Website ist verwirrend, besonders wenn man kein Programmierer ist. Canva macht aus ihnen anpassbare Vorlagen, die jeder verwenden kann.

- Wählen Sie die richtige Vorlage: Canva hat Tausende von Vorlagen für jeden Fotografen und jedes Shopify-Thema/jeden Titel. Die Vorlagen sind außerdem sehr gut editierbar und können auch an Ihre Marke angepasst werden.

- Halten Sie es einfach: Die Besucher brauchen etwas Einfaches, um sie bei der Stange zu halten. Sie können textlose Bilder oder unnötige Inhalte auf Ihrer Website per Drag & Drop im Canva-Editor anpassen.

- Mobile Optimierung: Da viele Nutzer mit mobilen Geräten surfen, formatiert Canva Ihre Website so, dass sie mobilfreundlich ist. Dennoch ist es ein kluger Schachzug, Ihre Website vor der Veröffentlichung auf verschiedenen Geräten zu überprüfen.

- Schaffen Sie eine klare Navigation: Die Navigation zeigt den Besuchern, wozu sie die Website nutzen können. Mit Canva kannst du Menüs, Schaltflächen und Links platzieren, damit sich die Besucher wie ein Profi auf deiner Website bewegen können.

Wenn alles gesagt und getan ist, können Sie Ihre Website von Canva aus veröffentlichen, was eine großartige Lösung aus einer Hand sein wird.

2. Aufbau eines Portfolios: Präsentieren Sie Ihre besten Arbeiten.

Ein Portfolio ist eine der besten Waffen für einen kreativen Menschen. Es ist dein visueller Lebenslauf, in dem du dein Fachwissen und dein Können präsentierst. Canva hat auch einige schöne Portfolio-Vorlagen, mit denen Sie ein ansprechendes Online-Portfolio erstellen können.

- Heben Sie Ihre besten Arbeiten hervor: Wählen Sie das Beste aus. Quantität ist nicht alles, und Qualität ist immer besser als Quantität.

- Erzählen Sie Ihre Geschichte: Ihr Portfolio sollte mehr sein als nur Arbeitsproben; es sollte potenziellen Kunden eine Vorstellung oder einen Einblick in Ihre Person vermitteln. Stellen Sie sich vor, beschreiben Sie Ihre Arbeitsweise, und fügen Sie in einigen Abschnitten Kundenstimmen ein.

- Halten Sie es professionell - Spaß trifft auf Formalität. Beschränken Sie Text-/Bildgespräche auf die Besucher.

Das Portfolio wird entweder auf eine eigenständige Website als Galerie hochgeladen oder als Download zur Verfügung gestellt.

3. Aufbau der Landing Page: straff und gezielt.

Sie sind so konzipiert, dass sie Besucher anziehen und in Leads oder Verkäufe umwandeln.

-Entwerfen Sie auf Canva einfache Landing Pages, bei denen sich alles um einen Call-to-Action (CTA) dreht.

-Entwerfen Sie eine fesselnde Überschrift: Diese sollte die Aufmerksamkeit auf sich ziehen, und Sie sollten schnell vermitteln, was Ihr Angebot löst.

- Setzen Sie fesselndes Bildmaterial ein: Wählen Sie Bilder oder Videos, die mit Ihrer Botschaft übereinstimmen und mit denen sich die Zielgruppe emotional verbinden kann. Canva bietet eine Vielzahl von Bildern, die Sie oben auf Ihrer Landing Page verwenden können.

- Ein CTA: Ob die Aufforderung zum Handeln "Jetzt anmelden" oder "Mehr erfahren" lautet - sie sollte klar und leicht zu finden sein.

- Seien Sie prägnant: Schreiben Sie keine langen Absätze. Entscheiden Sie sich für Aufzählungspunkte und kurze Sätze, um die Aufmerksamkeit auf den Wert Ihres Angebots zu lenken.

- Verwenden Sie Testimonials: Kundenrezensionen und soziale Beweise, um Vertrauen zu gewinnen.

Wenn du mit der Gestaltung deiner Landing Page fertig bist, kannst du sie mit Canva veröffentlichen und ihre Leistung messen, damit du sie kontinuierlich verbessern kannst.

4. Konsistenz in Ihrer Online-Präsenz.

Die Online-Präsenz ist das Feuerwerk, und sie muss einheitlich sein. Ihre Website, Ihr Portfolio und Ihre Landingpages müssen alle die gleichen Schriftarten, Farben und Logos verwenden, um ein einheitliches, klares Markenbild zu schaffen. Konsistentes Branding auf allen Plattformen ist mit Canva ein Kinderspiel.

Canva hat alle Design-Tools, die du brauchst, um deine Online-Präsenz zu perfektionieren, ohne dass du Programmierkenntnisse oder einen Design-Hintergrund brauchst. Von Websites über Portfolios bis hin zu Landingpages - mit den Vorlagen und Drag-and-Drop-Funktionen von Canva kannst du deine Vision schnell in die Tat umsetzen. Mit Canva können Sie eine professionell aussehende, attraktive Online-Präsenz entwickeln und Ihre Marke im digitalen Raum sichtbar machen.

KAPITEL 4: AUFBAU EINES MANDAP-GESCHÄFTS MIT IHREN LEINWANDFÄHIGKEITEN.

• *Online-Verkauf von digitalen Produkten: eBook, Planer, Vorlagen, Drucksachen.*

Das Erstellen und Verkaufen digitaler Produkte (Bücher, Planer, Vorlagen, Druckvorlagen) ist eine der einfachsten Möglichkeiten, online Geld zu verdienen.

Egal, ob Sie Unternehmer (OT) oder Kreativer (CS) sind, oder ob Sie über ein wichtiges Wissen verfügen und daraus ein Einkommen generieren möchten, ohne große Investitionen tätigen zu müssen - digitale Produkte sind genau das Richtige für Sie.

Die Herstellung digitaler Produkte ist kostengünstig, und Sie können sie wiederholt verkaufen, so dass sie nach ihrer Erstellung potenziell rentabel sind. Die Gestaltung dieser Produkte mit Plattformen wie Canva (einfach, auch wenn Sie keine Designerfahrung haben) war noch nie so einfach.

Wie fangen Sie also an, digitale Produkte zu verkaufen?

1. Digitale Produkte:

Verglichen mit den vielen Vorteilen digitaler Produkte ist dies eine der besten Möglichkeiten, Ihr Unternehmen zu gründen.

- Die Kosten, die Sie zu tragen haben, sind praktisch gleich null: Kein physisches Produkt, kein Lagerbestand und kein Versand. Einmal gebaut, verkauft es sich für immer.

- Globale Verkaufsreichweite: Sie können an ein globales Publikum verkaufen, wo immer Sie können.

- Skalierbar (mehrere Produkte / Marketing): Wenn Ihr Unternehmen wächst, können Sie mehr Produkte anbieten oder mehr Marketing betreiben, ohne mehr Personal zu benötigen.

2. eBooks erstellen: Teilen Sie Ihr Wissen.

Ebooks helfen Ihnen, Ihr Know-how mit einem größeren Kundenkreis zu teilen. Unabhängig davon, ob Sie über ein bestimmtes Thema schreiben und einen Leitfaden zur Verfügung stellen, haben eBooks einen echten Wert für die Leser.

Tipps zum eBook.

- Finden Sie Ihre Nische - das Thema, das Problem, mit dem Ihr spezielles Publikum konfrontiert ist.

- Gestalten Sie mit Canva: Schöne Layouts mit Canva-Vorlagen sind ein Kinderspiel.

- Verwenden Sie aufmerksamkeitsstarke Bilder: Binden Sie ein Bild oder eine Infografik in Ihren Inhalt ein.

- Verkaufen Sie als Download (Ihr eBook als PDF zum Herunterladen und verkaufen Sie es über Ihre Website oder über Dienste wie Etsy).

3. Planer und Vorlagen entwerfen: Organisiert bleiben.

Planer und Vorlagen sind digitale Produkte, die für Ordnung sorgen. Ja, sie werden immer im Leben der Menschen sein.

Tricks für Planer und Vorlagen:

* Kennen Sie Ihr Publikum: Entwerfen Sie für diejenigen, die am meisten beschäftigt sind (wir gehen davon aus, dass Sie mehr darüber wissen, aber wenn nicht, denken Sie an beschäftigte Eltern und Fitnessbegeisterte)

* Design für Benutzerfreundlichkeit: Entwickeln Sie Produkte, die zugänglich und funktional sind.

- Halten Sie die Marke konsistent: Achten Sie auf konsistente Schriftarten und Farben, damit Ihre Marke wie aus einem Guss wirkt.

- Pitches für verschiedene Formen: Digitale und gedruckte Angebote Präferenzen.

Mit Plattformen wie Canva können Sie ganz einfach professionelle Produkte erstellen, die Sie dann verkaufen können. Wenn Sie Ihre Mitarbeiter kennen und das richtige Marketing betreiben, können Sie mit Kreativität ein erfolgreiches Online-Geschäft aufbauen.

•*Freiberufliche Tätigkeit mit Canva:*

Canva bietet alles, was Sie sich von einem profitablen Freelance-Geschäft mit Design-Fähigkeiten wünschen, das Sie bisher nicht in die Hände bekommen haben. Egal, ob Sie ein Grafikdesigner, ein Social-Media-Stratege oder jemand sind, der zum ersten Mal Kunden für freiberufliche Plattformen (Upwork/Fiverr) gewinnt, Canva bietet einfache Tools, um Kunden zu gewinnen.

1. Erstellen Sie ein beeindruckendes Portfolio.

Dein Portfolio ist das, was potenzielle Kunden als Erstes zu Gesicht bekommen; es sollte immer gut aussehen. Canva bietet zahlreiche professionelle Vorlagen, mit denen du deine Arbeit abrunden kannst.

Wählen Sie die Dinge, die Ihrem Geschmack entsprechen, und mischen Sie sie mit ein paar Projekten wie Logodesign, Bilder für Social Media-Posts, eBook-Cover-Design oder was auch immer Sie gut können. Zeigen Sie dies den Leuten, damit sie wissen, dass es kein Quatsch ist. Stellen Sie das Portfolio in einem ästhetischen Layout zusammen, das Ihre Erfahrung und Ihr Können repräsentiert.

2. Ein paar Designfänge für Gigs einbauen.

Obwohl das Spielfeld auf Canva ziemlich umkämpft sein kann, kannst du dein Gig-Bild und deine Beschreibung zum Leuchten bringen. Beginne die Sache mit einem auffälligen Bild. Machen Sie den Leuten Lust, auf Ihr Banner zu klicken und zu sehen, was sie lesen sollen.

Canva verfügt auch über Textwerkzeuge, mit denen Sie einfache und aussagekräftige Beschreibungen mit Aufzählungspunkten oder einer großen, fettgedruckten Überschrift verfassen können, um Ihre Dienstleistungen vorzustellen. Auf Plattformen wie Fiverr können Sie mehrere Dienstleistungspakete und attraktive Symbole kombinieren, um Budgetvarianten anzuziehen.

3. Etablierung einer professionellen Marke.

Eine konsistente Marke stärkt das Vertrauen und die Marke. Mit Canva kannst du vom Logo über Visitenkarten bis hin zu Bannern für soziale Medien alles entwerfen, damit jeder Teil deines Profils professionell aussieht. Auf Instagram, LinkedIn oder bei der Erstellung von Bannern für Fiverr bietet Canva maßgeschneiderte Vorlagen, die dir helfen, professionell und geschliffen auszusehen. Diese Konsistenz wird Ihnen helfen, Kunden anzuziehen und zu halten.

4. Finden Sie den Zielkunden.

Ihre Angebote müssen zu den Menschen passen, die Sie beeindrucken wollen, damit Ihre Liste weiter wächst. Verwenden Sie Canva, um Kundenmaterialien zu entwickeln. Wenn Sie auf soziale Medien (Designs) abzielen, brauchen Sie für Ihr Portfolio Mock-ups.

Wenn Sie genügend Kunden gewinnen, können Sie aussagekräftige Testimonials und Grafiken für sie entwerfen und den "sozialen Beweis" der positiven Bewertungen in Ihrem Marketing nutzen, um neue Kunden zu gewinnen. Gehen Sie auf die spezifischen

Bedürfnisse Ihres idealen Kunden ein, und Ihre Inhalte werden zu mehr Projekten einladen.

5. Add-Ons und Upsell anbieten.

Lassen Sie die Kunden kommen, und Sie können diese Dienstleistungen ausbauen, um Ihr Einkommen zu steigern. Erstellen Sie in Canva Designpakete (z. B. Vorlagen für soziale Medien und Visitenkartendesigns). Sie können auch Preistabellen für Überarbeitungen oder Anpassungen anbieten. Diese Extras erhöhen nicht nur Ihre Einnahmen, sondern zeigen Ihren Kunden auch, dass Sie sich engagieren und einen Mehrwert schaffen wollen.

6. Verkaufen Sie Ihre Dienstleistungen über Freelance-Plattformen hinaus.

Allerdings gibt es tolle Boni. Denken Sie, dass freiberufliche Plattformen alles sind, was Sie wollen, aber denken Sie daran, dass dies nicht Ihre einzigen Werbemöglichkeiten sind. Verwenden Sie Canva, um E-Flyer, Poster/Abstimmungsflyer und Newsletter-Vorlagen zu erstellen. Aber wenn du deine Dienste über die Freelance-Seiten hinaus bewirbst, werden potenzielle Kunden informiert und wissen deine Engagements zu schätzen.

Mit den einfachen Designfunktionen von Canva kannst du von Anfang an ein schönes Portfolio, einzigartige Auftrittslisten und Marketingmaterialien erstellen, die Kunden anziehen und deine Karriere als Freelancer beschleunigen.

•Einführung eines Online-Shops.

Die Eröffnung eines Etsy-Ladens oder Online-Shops bedeutet Aufregung und Chaos. Du kannst fantastische Produkte haben, aber wenn du nicht gut kommunizierst, ist das ein sicherer Weg zum Scheitern, und hier kommt Canva ins Spiel. Sie verfügen über kein Grafikdesign-Tool und müssen dennoch optisch ansprechende Grafiken erstellen, die Ihre Marke professionell repräsentieren.

1. Schaffen Sie eine starke Markenidentität.

Deine Markenidentität ist die Grundlage deines Online-Shops. Canva (ein bisschen von allem), einschließlich Logo-Design, Visitenkarten und begrenzte Farbschemata/Schriftarten, die zu dem passen, worum es in Ihrem Shop geht.

- Logo: Ihr Logo ist in der Regel das erste, was die Kunden sehen. Logos: Holen Sie sich eine maßgeschneiderte kostenlose Canva-Logo-Vorlage, die zu Ihrer Nische passt, egal ob handgemacht oder digitale Kunst.

- Visitenkarten: Mit jeder Bestellung erhalten Sie eine handgefertigte, personalisierte Visitenkarte, um die persönliche Note zu unterstreichen und die Kundenbindung zu fördern.

- Einheitliches Design: Wählen Sie eine einheitliche Farbpalette und Schriftart für Ihre Materialien und eine einheitliche Marke in Ihrem Shop.

2. Entwerfen Sie Produktangebote, die sich verkaufen.

Sie werden Ihr Produkt so gut präsentieren können oder auch nicht. Mit Canva können Sie erstaunliche

Visualisierungen erstellen, die zeigen, wie ein hochwertiges Produkt aussieht.

- Produktfotos: Lade Produktbilder in Canva hoch, bearbeite sie mit Filtern (viele davon), färbe sie nach Belieben ein oder erstelle Mockups, die sich besonders gut für deine digitalen Produktdruckvorlagen, eBooks usw. eignen.

- Grafiken & Titel - Canva hilft dir bei der Erstellung ansprechender Grafiken.

- Saubere Bilder: Verwenden Sie Canva, um für jedes Angebot (Produkt) in Ihrem Shop das gleiche Bild oder Banner zu erstellen. Dadurch wirkt Ihr Shop einheitlicher und glatter.

.

3. Optimieren Sie das Ladenlayout.

Das Layout eines Shops sollte optisch ansprechend, sexy und bequem zu scannen sein.

Egal, ob du auf Etsy oder Shopify verkaufst und einige Elemente deiner Marke ändern möchtest, Canva wird dir dabei helfen.

- Banner und Logos: Beide Websites ermöglichen es Ihnen, Ihre Banner und Logos über die folgenden Links zu verwalten

- Canva-Vorlagen: Vorlagen von Canva sind einfach aussehende, gut gestaltete Tools, die Ihr Geschäft aus einem oder zwei weiteren Gründen gut aussehen lassen.

- Shopify-Themen: Verschönern Sie Ihr Shopify-Thema mit Canva-Bildern, -Schiebern und -Bannern, die den Stil Ihrer Marke widerspiegeln.

- Produktetiketten / Badges (z. B. "Best Seller", "New Arrivals & $ off") Promo-Etiketten auf Canva für direkte Angebote oder neue Produkte.

4. Vermarkten Sie Ihr Geschäft.

Wenn Ihr Geschäft geöffnet ist, können Sie für immer großartige Marketingmaterialien erstellen.

- Soziale Medien: Posts (Allgemein, Instagram, Facebook...) [Canva] Impressions Instagram | Canva | Social Media Posts, die Menschen zu Ihrem Shop führen: Anzeigen/Posts oder auch nur Impressionen.

- E-Mail-Vorlagen: Erstellen Sie E-Mail-Vorlagen für Newsletter, Werbeangebote oder Produkteinführungen, die dem Look and Feel Ihrer Marke entsprechen.

- Druckvorlagen & Flyer: Wenn Sie Drucksachen wie Poster oder andere Dinge anbieten, die Sie von Canva herunterladen können, entwerfen Sie druckbare Flyer/Promo für lokale Veranstaltungen und Handwerksmessen.

5. Unterstützen Sie Ihre SEO-Strategie.

Auch wenn Canva kein SEO ist, können gute Bilder und Inhalte, die Sie produzieren, indirekt für Sie arbeiten. Mit Canva können Sie Bilder erstellen, die perfekt für das Web geeignet sind, schnell laden und mit den richtigen Schlüsselwörtern versehen sind, damit Sie bei der Suche sichtbar sind.

▪ Bild-Optimierung: Mit Canva können Sie Bilder anpassen und komprimieren, um das Laden auf Ihrer E-Commerce-Website zu beschleunigen.

- Schlüsselwort-Grafiken: Geben Sie Grafiken wie "Kerzen zu verkaufen" und "handgefertigte Kerzen" das gleiche Gewicht wie den Wörtern in Ihrem Titel, um Ihre SEO/Suchmaschinenoptimierung zu unterstützen.

6. Verwalten und erweitern Sie Ihr Geschäft.

Wenn Sie schneller werden, ist Canva immer noch ein gutes Werkzeug für die Verwaltung Ihres Geschäfts. Sie können Umfragen zur Kundenzufriedenheit, Danksagungen und Treuekarten erstellen, um das Engagement und die Kundenbindung zu erhöhen.

▪ Kundenbindung: Senden Sie jedem Kunden eine Notiz oder eine E-Mail, in der Sie ihm für seinen Kauf danken und ihm mitteilen, wann er wiederkommen kann.

- Anpassungen: Nehmen Sie kleinere Änderungen an Ihrem Shop-Design/ Ihren Produktbildern entsprechend dem Feedback von Kunden und/oder den Erkenntnissen der Kunden mit Canva vor.

Erleichtern Sie sich den Start Ihres Online-Shops auf Plattformen wie Etsy oder Shopify (mit den intuitiven Design-Tools von Canva). Von den Produktlisten Ihrer Marke für unterwegs bis hin zur Werbung für Ihren

Shop - mit Canva können Sie visuell korrektes Material erstellen, das mit Ihren Kunden kommuniziert und Verkäufe generiert.

•*Erstellen von Canva-Design-Kursen und Tutorials.*

Es besteht eine große Nachfrage nach Designwissen, und es gibt viele Online-Kurse, bei denen Plattformen wie YouTube und Webinare die perfekte Möglichkeit sind, Wissen zu vermitteln und Geld zu verdienen. Selbst wenn du ein erfahrener Canva-Benutzer bist oder gerade erst anfängst, kann das Unterrichten eine erfüllende und profitable Nutzung deines Wissens sein.

Lesen Sie mehr darüber, wie Sie mit Ihrem Canva-Genie durch einen Online-Kurs oder ein Video-Tutorial Geld verdienen können.

1. Identifizieren Sie Ihr Zielpublikum und Ihre Nische:

Also gut, zunächst einmal die Zielgruppe. Für wen machen Sie das? Sie müssen spezifisch sein. Ihr Ziel könnte sein;

-als Sicherheit für Kleinunternehmer, um ein Marketing zu erstellen, das überzeugt.

Anfänger lernen ein paar Canva-Grundlagen.

- Inhaltsersteller müssen auch für ihre Grafiken, Social-Media-Posts und Logos entwerfen.

- Freiberufler, die ihr Design über die Dinge verbessern wollen.

Ermitteln und verstehen Sie die Probleme Ihrer Zielgruppe. Anfänger können sich von den vielen Optionen in Canva überwältigt fühlen, und KMUs wissen vielleicht nicht, wie sie mit der Erstellung beeindruckender Grafiken beginnen sollen. Bieten Sie klare und interessante Lösungen für diese Probleme.

2. Kursinhalte planen.

Reagieren Sie auf Ihr Publikum und planen Sie einen strukturierten Inhalt für Ihre Kurse. Teilen Sie Ihren

Kurs in zusammenhängende Module auf. Ein Kurs für Anfänger, zum Beispiel:

- Einführung in Canva: Ein Überblick über die Funktionen der Werkzeuge.

- Grundlegende Gestaltungsprinzipien (Farbtheorie, Schriftarten und Layout)

- Gestaltung von LinkedIn/Facebook/Pinterest Social Media Posts.

- Fortgeschrittene Methoden: Erforschung von Rastern, Vorlagen, Animationen und mehr.

Die Struktur ist für die Lernenden vorteilhaft, da sie in kleine Abschnitte unterteilt wird, damit sie den Stoff aufnehmen und interessiert bleiben können.

3. Wählen Sie eine Plattform.

Wählen Sie je nach Zielsetzung, welche Plattform für die Bereitstellung Ihres Kurses:

* Teachable und Udemy - geeignet für das Hochladen von aufgezeichneten Videos und den Verkauf.

- YouTube: Ich nutze dies, um meine Marke aufzubauen und ein größeres Publikum als offline zu gewinnen. Monetarisierung durch Werbung und Affiliate-Marketing.

- Webinare: Binden Sie Ihr Publikum über WebinarJam oder Zoom für ein Live-Tutorial ein.

Überlegen Sie, welchen Kanal Ihr Publikum am meisten nutzt und welche Plattform Sie am meisten bevorzugen.

4. Erstellen Sie überzeugende, hochwertige Inhalte.

Halten Sie sie mit qualitativ hochwertigen Inhalten auf dem Laufenden. Bitte halten Sie sie mit qualitativ hochwertigen Produkten auf dem Laufenden. Hier sind die Möglichkeiten, um Ihren Beitrag zu etwas Besonderem zu machen.

- Fassen Sie sich kurz: Lektionen von 10 Minuten und weniger.

- Fotos/Video: Verwenden Sie dies in Canva, um auffällige Bilder und Bildschirmaufnahmen zu erstellen.

- Mach es FUN!! - Vermenschlichen Sie sich hier: Sprechen Sie deutlich und lassen Sie die Schüler wiederholen.

- Stellen Sie Druckvorlagen zur Verfügung: Geben Sie Vorlagen, Arbeitsblätter oder Checklisten für Ihren Kurs.

- Wir alle lernen auf unterschiedliche Weise. Deshalb ist es wichtig, Videos, PDFs und Übungen zu mischen.

5. Teilen Sie Ihren Kurs.

Wenn der Inhalt fertig ist, beginnen Sie damit, ihn zu teilen! Dies sind einige der Möglichkeiten, die Sie in Betracht ziehen sollten:

- Soziale Medien (Teilen Sie Sneak Peeks und Design-Tipps auf Instagram, Twitter oder Facebook)

- Blog oder YouTube-Kanal: Erstellen Sie eine Online-Präsenz mit Anleitungen und Tipps für die Gestaltung.

- E-Mail-Marketing: Verschenken Sie Gratisartikel wie Canva-Vorlagen, um eine E-Mail-Liste zu erhalten und dann Ihren Kurs zu verkaufen.

- Kollaborationen: Finden Sie andere Influencer/Unternehmen, mit denen Sie zusammenarbeiten können.

Regelmäßige Werbung lässt Ihr Publikum wachsen.

6. Monetarisieren Sie Ihre Fähigkeiten.

Akademikern stehen mehrere Möglichkeiten zur Verfügung, um den Kurs zu vermarkten:

- Karriere-Roadshows: Bewertung - Erheben Sie eine Zeitgebühr oder erstellen Sie ein Abonnement.

- YouTube-Anzeigen: Verdienen Sie Geld mit Ihrem YouTube-Tutorial, wenn Sie dazu berechtigt sind.

- Partnerschaftsmarketing: Erhalten Sie Geld, indem Sie auf Tools und Ressourcen verweisen, die Sie in Ihrem Unterricht verwenden.

- Beratung/Coaching: Helfen Sie interessierten Menschen in Einzelgesprächen.

Teilen Sie Ihr Wissen und verdienen Sie ein paar Dollar mit Teaching Canva. Mit Design-Fähigkeiten in Design (ob über aufgezeichnete Videos, Webinare, die du live durchführst, oder Tutorials auf YouTube, es gibt einen riesigen Bedarf an Design). Melden Sie sich jetzt an. Ihr Wissen ist es wert und mehr Menschen wollen von Ihnen lernen!!!

KAPITEL 5: SKALIEREN SIE IHR CANVA-GESCHÄFT.

• *Outsourcing und Delegierung.*

Eine der einfachsten und effektivsten Möglichkeiten zur Skalierung und zum Management der Arbeitslast (insbesondere bei Designarbeiten) ist Canva.

Coole Tools wie Canva sind unglaublich gut für die visuelle Gestaltung; irgendwann kann das Auslagern einiger anspruchsvoller Designaufgaben dazu beitragen, dass du nicht ausbrennst, während du das skalieren kannst, was für dein Unternehmen sinnvoll ist. Outsourcing ist gut für die Produktivität und gibt Ihnen Zeit, Ihr Unternehmen effizient weiterzuentwickeln. Wie man es macht:

1. Wie Outsourcing helfen kann.

Vorteile der Auslagerung von Designarbeiten.

- Zeitersparnis: Sie können die Erstellung von Grafiken und alles, was damit zusammenhängt, einfach auslagern und sich auf Dinge konzentrieren, die Ihr Unternehmen auszeichnen, z. B. Strategie, Kundenbeziehungsmanagement oder Marketing.

- Sparen Sie Geld: Die Beauftragung eines Freiberuflers ist billiger als die Bezahlung angestellter Mitarbeiter, da Sie nur für die tatsächlich geleistete Arbeit bezahlen.

- Können: Freiberufler sind Meister ihres Fachs und liefern erstklassige Arbeit, die aktuelle Markttrends aufgreift.

Skalierbar: Wenn Sie neue Mitarbeiter einstellen, und ganz allgemein, wenn Ihr Unternehmen wächst, können Sie zusätzliche Freiberufler einstellen, ohne dass Sie Ihren Mitarbeiterstamm sofort vergrößern müssen.

2. Finden Sie heraus, wen Sie auslagern können.

Die wichtigste Entscheidung, die es zu delegieren gilt:

- Website-Design: Die professionell gestaltete Website sorgt für die richtige User Experience und Conversion.

- Marketing-Materialien: Printbroschüren, E-Mail-Vorlagen oder Anzeigen zur Wahrung einer koordinierten Markenidentität.

- Digitale Produkte: Wenn Sie PDFs, Kalendervorlagen und andere Drucksachen verkaufen, kann ein Designer helfen, diese hervorzuheben.

Wenn Sie diese Dienstleistungen auslagern, können Sie sich auf die Strategie, die Erstellung und die Interaktion mit dem Kunden konzentrieren.

3. Die richtigen Teammitglieder finden.

Finden Sie qualifizierte Fachleute, an die Sie Ihre Arbeit auslagern können, nachdem Sie festgestellt haben, was Sie auslagern wollen.

Orte, an denen Sie kompetente Fachleute finden können, sind folgende:

- Freelance-Marktplätze: Auf Plattformen wie Upwork/Fiverr finden Sie viele außergewöhnliche Ecken und Kanten mit besonderen Talenten.

- Design-Agenturen: Agenturen besitzen den Designprozess und kümmern sich um das Branding und das Webdesign.

- Netzwerke aufbauen: Bitten Sie um Empfehlungen von Kollegen oder anderen Geschäftsinhabern, um solide berufliche Referenzen zu erhalten.

- Schauen Sie sich die Portfolios an; Referenzen sind die nächste Stufe, und bleiben Sie immer bei kleineren Projekten, um den Stil und die Fähigkeiten in Bezug auf Ihre Marke zu überprüfen.

4. Effizientes Delegieren von Aufgaben.

Bei der Zusammenarbeit mit einem ausgelagerten Team ist eine klare Kommunikation ein Muss: Definieren Sie Ziele, Fristen und Designvorgaben (klare Kommunikation). Je mehr Sie sagen, desto besser wird es.

- Verwenden Sie Tools für die Zusammenarbeit: Trello oder Slack, um zu sehen, wo wir stehen und um uns zu organisieren.

- Formulieren Sie eine Feedback-Schleife: Geben Sie Ihrem Team Feedback zu dem Entwurf, den es erstellt hat. Konstruktives Feedback wird sicherstellen, dass der endgültige Entwurf Ihren Vorstellungen entspricht.

- Vertrauen Sie Ihrem Team: Nachdem Sie die Arbeit erledigt haben, vertrauen Sie den Fachleuten, dass sie ihre Ausbildung und Fantasie einsetzen. Machen Sie kein Mikromanagement und lassen Sie sie gute Arbeit leisten.

5. Skalierung Ihres Unternehmens durch Outsourcing.

Outsourcing bedeutet nicht nur die Zuweisung von Arbeit, sondern auch die Schaffung eines Rahmens für die Aufwärtsmobilität.

- Schaffen Sie eine vertrauenswürdige Gruppe von Freiberuflern: Wenn Sie konsequent mit denselben

Freiberuflern zusammenarbeiten, wird alles flüssiger und von besserer Qualität sein.

- Erweitern Sie Ihr Menü: Nutzen Sie die Urlaubszeit für andere Dinge.

Steigern Sie die Produktivität: Wenn Sie sich nur auf die wichtigsten Aufgaben konzentrieren und den Rest auslagern, können Sie mehr und höhere Gewinne erzielen und Ihr Unternehmen ausbauen.

Outsourcing kann Ihre Geschäftsabläufe erheblich und nachhaltig verbessern. Sie erhalten Zeit für zusätzliche geschäftliche und gestalterische Aufgaben, die von Experten erledigt werden; Sie müssen nicht mehr bis spät in die Nacht arbeiten, um Ihren Stress zu bewältigen. Mit den richtigen Partnern kann Ihr Unternehmen schrittweise wachsen, und wenn Effizienz ein Faktor für den Gewinn ist, wird es einfacher.

• *Automatisierungstools für mehr Effizienz.*

Wenn Ihr Unternehmen expandiert, kann es leicht passieren, dass Sie die Kontrolle verlieren und sich von allem auf einmal überfordert fühlen. Jeder Tag ist endlich, ganz gleich, ob es sich um Design, Marketing oder Kundendienst handelt. Hier kommen Automatisierungswerkzeuge ins Spiel.

Mit diesen Werkzeugen können Sie sich wiederholende Arbeiten abnehmen, Verfahren optimieren und sich die Zeit für strategisches Denken nehmen, was sich positiv auf Ihre Effizienz und Ihren Gewinn auswirkt.

1. Entwurfsautomatisierung über Canva.

Funktionen wie Magic Resize helfen Ihnen dabei, die Größe von Bildern so anzupassen, dass sie perfekt auf Instagram und Pinterest passen (und das ganz einfach auch in Bruchteilen). Mit dem Canva Brand Kit haben Sie Ihre Markenfarben, Fotos und Schriftarten an einem Ort, sodass Sie Designs erstellen können, die mit Ihrer Marke übereinstimmen. Wenn Sie digitale Produkte herstellen (z. B. eBooks, Vorlagen), können Sie sich dank vorgefertigter Vorlagen mehr auf den Verkauf als auf die Gestaltung konzentrieren.

2. Automatisierung des Marketings durch Planungstools.

Soziale Medien sind für Unternehmen von entscheidender Bedeutung, aber es kann sehr zeitaufwändig sein, sie selbst zu pflegen. Buffer, Hootsuite und Later sind allesamt Tools, mit denen Sie auf mehreren Plattformen gleichzeitig posten können.

Sie können Ihre Inhalte in großen Mengen erstellen; hier kommt der Kalender, und Sie können den Zeitpunkt festlegen, zu dem Ihre Beiträge veröffentlicht werden, damit Ihre Marke nie verschwindet, wenn Sie so beschäftigt sind. All das wird mit Analysen versehen, damit Sie wissen, ob und wann Sie nachfassen oder Ihren Ansatz optimieren müssen.

3. E-Mail-Marketing automatisieren.

Es ist zwar sinnvoll, die Möglichkeiten des E-Mail-Marketings für die Kundenansprache zu nutzen, aber es nimmt zu viel Zeit in Anspruch, die Übersicht zu behalten. Mit Hilfe von Auto-Tasking-Plattformen

(Mailchimp und ConvertKit) können Sie E-Mail-Sequenzen (Drip-Kampagnen) planen. Sie senden automatisch eine Reihe von E-Mails, die von den Anlässen der Nutzer beeinflusst werden, z. B. wenn jemand auf Ihre Liste klickt oder bei Ihnen einkauft.

Sie können es auch für maßgeschneiderte Nachrichten verwenden (z. B. Nachrichten über verlassene Warenkörbe), um das Interesse Ihres Publikums aufrechtzuerhalten und den Umsatz zu steigern.

4. Chatbots zur Automatisierung des Kundendienstes.

Chatbot-Tools wie Tidio und ManyChat nehmen Ihnen die Last der ersten Kundeninteraktionen oder allgemeiner Probleme ab und führen die Kunden durch den Verkaufstrichter.

Um schwierige Probleme zu lösen, klassifizieren und priorisieren Tools wie Zendesk/Freshdesk die Kundentickets für die Anlaufzeiten der jeweiligen Support-Teams, damit Fehler schneller behoben werden und die Kunden zufriedener sind.

5. Automatisierung von Rechnungen und Belegen.

Finanzen müssen nicht so eine schwere Last sein. Buchhaltung und Rechnungsstellung mit QuickBooks oder FreshBooks bieten eine automatisierte Rechnungsstellung und Zahlungsabwicklung, die Sie vor verpassten Fristen und Zeitverschwendung bewahrt. Diese Plattformen helfen Ihnen auch dabei, Zahlungserinnerungen zu versenden, Ausgaben zu verfolgen und sich mit der Buchhaltungssoftware für eine einfache Buchhaltung zu synchronisieren.

6. Automatisierung der Verwaltung mit Projektmanagement-Tools.

Verwaltungsaufgaben summieren sich. Tools wie Trello, Asana oder Monday.com automatisieren den Workflow unserer Aufgabenzuweisungen, die Einrichtung von Fristen und Erinnerungen. Aufgabenmanagement behandelt auch Menschen in Übersee, die wenig Energie haben undzuhören。Diese Tools halten Sie auf Kurs und stellen sicher, dass

Fristen eingehalten werden, damit Sie nicht jede Kleinigkeit überprüfen müssen.

7. Integration von Be Tools für Beste Praxis.

Ab einem bestimmten Punkt müssen Sie Ihre Tools miteinander verknüpfen, um die Automatisierung bis zum letzten Grad voranzutreiben. Zapier ist eine Workflow-Automatisierung, die es Ihnen ermöglicht, verschiedene Business-Tools in eine Lösung einzubinden, damit sie automatisch arbeiten können. So können Sie neue Leads von Ihrer Website direkt in Ihre E-Mail-Marketingplattform und Kundeninformationen in Ihre Buchhaltungssoftware übertragen (Beispiel). So werden Fehler vermieden, unbedeutende Dinge weggelassen und es funktioniert einfach.

Die Einbindung der Automatisierung in Ihre Geschäftsprozesse ist eine der klügsten Methoden zur Steigerung von Geschwindigkeit und Produktivität. Durch die Automatisierung von Design, Marketing, Kundendienst, Rechnungsstellung und Verwaltungsaufgaben können Sie die frei gewordene Zeit für das nutzen, was wirklich wichtig ist, nämlich für Wachstum und Strategie. Wenn Sie nur eine Sache tun, arbeiten Sie intelligenter und nicht härter, um neue Erfolgsmöglichkeiten für Ihr Unternehmen zu erschließen.

- ***Mehrere Einkommensströme.***

Mit Canva können Sie Ihre Tätigkeit als Designer, Gestalter oder Inhaltsersteller diversifizieren und Geld verdienen. Du kannst das durch Affiliate-Marketing, Kollaboration oder etwas Ähnliches wie Canva tun und du hast eine Million **Möglichkeiten, um zu verdienen.**

1. Tochtergesellschaft-Marketing.

Ihre Canva-Designs bieten ein perfektes Instrumentarium für passives Einkommen und Affiliate-Marketing. Aber Sie müssen noch einen anderen Job haben, denn nur in diesem Fall erhalten Sie Provisionen, wenn Sie Produkte oder Dienstleistungen verkaufen und einen Empfehlungslink erstellen.

Ein Partnerprogramm in Canva ermöglicht es Ihnen, Provisionen zu erhalten, wenn Sie bezahlte Plananmeldungen erhalten. Schreiben Sie Blogbeiträge, Tutorials oder Inhalte für soziale Medien über Canva und bewerben Sie diese mit Partnerlinks, um Geld zu verdienen. Andere EDCs sollten dies mit anderen digitalen Marketing-Tools oder Webhosting-Diensten abstimmen, um Canva-Designs und Tutorials für verwandte Produkte erstellen zu können.

2. Verbinden Sie sich und steigern Sie Ihre Reichweite.

Arbeiten Sie mit anderen Designern, Influencern oder Marken zusammen, um mehr Geld zu verdienen. Sie können neue Zielgruppen erschließen und Ihr Netzwerk erweitern, indem Sie sich mit Menschen mit ähnlichen Ideologien oder Unternehmen zusammentun.

Entwickeln Sie beispielsweise gemeinsam Markenvorlagen oder Produkte für bestimmte Nischenmärkte und teilen Sie sich die Einnahmen (Es, Gigs im Fitness- oder Businessbereich).

Eine andere Möglichkeit ist die Zusammenarbeit mit Influencern, um Cross-Promotion zu betreiben und Einnahmen durch exklusive Design-Kits für ihre Follower zu erzielen. Darüber hinaus kann die Bereitstellung von maßgeschneiderten Designarbeiten für Unternehmen für Marketingprojekte, soziale Medien und Markenaufbau auf der Basis von Pauschalhonoraren oder Festpreisen eine Einkommensquelle darstellen

3. Passives Einkommen: Machen Sie Geld mit Ihren Designs.

Vielleicht ist einer der größten Boni von Canva die Möglichkeit, passiv zu verdienen. Das Schönste daran ist, dass sich das Gute, das du kreieren kannst, mit der Zeit auszahlt. Einmal erstellen und anfangen zu verdienen (als passives oder aktives Einkommen) - durch den Verkauf von Designvorlagen (Social-Media-Posts, eBook-Cover, E-Mail-Header usw.) auf Plattformen wie Etsy oder Creative Market.

Die Vorlagen stehen zum Verkauf, nachdem sie eingestellt wurden, und können wiederholt verkauft werden. Sie können auch Drucksachen wie Planer oder digitale Produkte (Fitness, Budgetierung, Zielsetzung Nischen) machen. Seit der Ersteinrichtung können diese Produkte ein passives Einkommen generieren, das fast keine Wartung erfordert.

4. Anbieten und Verkaufen von digitalen Kursen.

Wenn Sie gut in Canva sind, kann der Verkauf eines digitalen Kurses mit Ihrem Fachwissen profitabel sein. Teachable oder Udemy können die Plattformen sein, auf denen Sie How-to-Canvas-Kurse erstellen und verkaufen möchten.

Sie können Kurse für Anfänger und Fortgeschrittene für verschiedene Branchen erstellen, z. B. für die Gestaltung von sozialen Medien oder die Erstellung digitaler Produkte. Eine weitere Möglichkeit, passives Einkommen zu generieren, sind Live-Webinare oder -Workshops, in denen Sie die Teilnehmer in Echtzeit unterrichten, während Sie Ihre Angebote oder Affiliate-Produkte bewerben.

5. Wiederkehrende Umsätze durch Abonnements.

Finden Sie eine treue Fangemeinde und werben Sie für ein Abonnement (man zahlt für exklusiven Zugang zu Canva-Designs, Content-Trade-ähnlichen Ideenplugs). Sie können jeden Monat neue Designs, Vorlagen oder Hinter-den-Kulissen-Updates anbieten. Du könntest Plattformen wie Patreon oder deine Website nutzen, um dieses Modell voranzutreiben, deinem Publikum einen kontinuierlichen Mehrwert zu bieten und eine wiederkehrende Einnahmequelle zu schaffen.

Mehrere Einkommensströme mit Canva aufrechtzuerhalten ist kreativ und anstrengend, aber es ist auch lohnend, finanzielle Unabhängigkeit zu erlangen. Du könntest Affiliate-Marketing, Kooperationen/Sponsoring oder passives Einkommen + Lehre betreiben, um deine Einnahmequellen zu diversifizieren und das Canva-Geschäft zu vergrößern.

KAPITEL 6: MARKETING FÜR IHR CANVA-UNTERNEHMEN.

• *Erstellen eines Verkaufstrichters.*

Der Erfolg von Canva Business Marketing beruht auf einer Reise, die Ihre potenziellen Kunden effektiv in die Richtung lenkt, in der Käufe getätigt werden sollen. Das wichtigste Instrument, um dies zu erreichen, ist ein Verkaufstrichter. Ein Verkaufstrichter ist der Weg, den Sie vom Interesse an einem Produkt oder einer Dienstleistung bis zum Kauf und darüber hinaus gehen! Hier finden Sie eine Schritt-für-Schritt-Anleitung, um Interesse in Aktion zu verwandeln.

Ja, es scheint kompliziert zu sein, wenn man an die Erstellung eines Verkaufstrichters denkt, aber das ist einfach zu machen und kann Ihre Einnahmen und Konversionsraten erhöhen. Lassen Sie uns nun herausfinden, wie man einen Trichter erstellt, der Leads in zahlende Kunden verwandelt.

1. Etappen eines Verkaufstrichters.

Die Stufen des Verkaufstrichters sind ziemlich typisch für die meisten Verkaufstrichter. Diese Stufen beschreiben die Odyssee, die Ihre Interessenten durchlaufen, bis sie zu einem zahlenden Kunden werden:

- Bewusstsein: Potenzielle Kunden erfahren zum ersten Mal, was Sie anbieten.

- Interesse - sie hören von Ihnen und interessieren sich nun für Ihr Angebot.

- Erwägung - Ihre Gelegenheit wurde bereits bewertet, und sie debattieren nun über den Wert dieses Angebots für sie.

- Aktion - Die Schlagzeile ist der Moment, in dem Sie Ihren potenziellen Kunden in einen registrierten Kunden umwandeln und einen Kauf tätigen.

Dieser Verkaufsprozess, bei dem Sie Ihr Publikum in einigen Phasen wissen lassen, was es will, wird einfacher, wenn Sie als Content-Marketer diese Phasen kennen. Ihre Leads werden am Ende des Trichters jedes Mal eine Stufe nach unten fallen.

2. Entwicklung des Awareness-Leadmagneten.

Sensibilisierungsphase - Der obere linke Quadrant Ihres Verkaufstrichters.

Hier entdecken potenzielle Kunden Sie und Ihren Prozess. Über 3000 weitere Mock-ups und Vorlagen zum Herunterladen auf Thumbnails.

Die Gewinnung von Leads erfolgt durch das Anbieten eines Lead-Magneten, der eine Salami dazu bringt, ihre E-Mail anzufordern, in der Regel eine E-Mail-Adresse.

Einige Beispiele für gängige Leadmagnete sind:

- Kostenlose eBooks oder Leitfäden.

- Checklisten und Vorlagen.

- Webinar/Videoschulung.

- Rabattcode (führt zu einem Test)

Was braucht Ihr Publikum oder findet es nützlich, wenn Sie einen Leadmagneten entwickeln?

Je relevanter Ihr Leadmagnet für seine Bedürfnisse ist, desto höher ist die Wahrscheinlichkeit, dass er Ihnen seine Kontaktdaten mitteilt.

Ein solches Tool ist z. B. Canva, mit dem Sie einige außergewöhnliche Lead-Magnet-Inhalte erstellen können, wie z. B. auffällige eBooks, herunterladbare Checklisten und Social-Media-Grafiken, mit denen Sie Leads anziehen können.

3. Pflege von Leads durch E-Mail-Marketing.

Nachdem Sie Ihre Leads erhalten haben, gehen Sie in die Interessensphase über. Jetzt müssen Sie diese Leads führen und kultivieren. E-Mails sollten in dieser Trichterphase so effektiv wie möglich eingesetzt werden. In Ihrer E-Mail-Serie könnten Sie einen Inhalt und einige Informationen teilen, um Ihr Produkt oder Ihre Dienstleistung besser im Interesse des Kunden zu positionieren.

Ihre E-Mails sollten enthalten...

- Durchsuchen Sie andere Ressourcen wie Blogs oder Fallstudien.

- Teilen Sie die Fallstudien und Erfolgsgeschichten/Zeugnisse.

- Geben Sie ausführliche Details über Ihren Service.

- Verstärken Sie die Vorahnung eines zeitlich begrenzten Angebots oder eines privaten Rabatts.

Was Sie hier tun wollen, ist, genau in ihrem Blickfeld zu verweilen und ihren Wert neu zu entfachen, sobald sie vorbereitet sind. Wenn sie jetzt nur an die wertvollen Informationen und den Service von Ihnen denken und nicht daran, verkauft zu werden, hat diese Zeit einen viel höheren Wert für Ihr Angebot.

4. Mit strategischen Angeboten Leads in die Betrachtung einbeziehen.

Wenn Leads die Überlegungsphase erreichen, überlegen sie, ob Ihr Produkt oder Ihre Dienstleistung ihren Bedürfnissen entspricht. Schaffen Sie Zeit für spezifischere Angebote und den Beweis, dass Ihr Produkt DAS BESTE ist.

Dies ist der Weg, den Sie ihnen während dieser Phase zeigen können:

- Live-Produktdemonstrationen / Komplettlösungen.

- Demo kostenlos oder senden Sie eine Demo, um zu zeigen, dass es $ gibt.

- Fügen Sie Kundenzeugnisse, Bewertungen und Erfolgsberichte ein, um Ihre Glaubwürdigkeit zu zeigen.

Leads sind in dieser Phase noch auf dem Markt. Unterstreichen Sie also Ihre Merkmale/Vorteile und zeigen Sie, wie Ihr Produkt Symptome/Schmerzpunkte direkt behebt.

5. Ermutigung zum Handeln mit einem starken Call-to-Action (CTA)

Nun, da alle Leads ihre Optionen abgewogen haben, ist der nächste Schritt von links nach rechts die Umwandlung von Leads in zahlende Kunden. Und hier kommt Ihr Call-to-Action (CTA) ins Spiel. Ein klarer, attraktiver und einfacher CTA, um Ihre Aufforderung zum Handeln auszuführen: Eine Kaufschaltfläche

("Jetzt kaufen") oder einfach ein Link "Jetzt loslegen", damit ein Kunde leicht einen Kauf tätigen kann.

Folgende Taktiken würde ich vorschlagen:

- Zeitlich begrenzte Angebote/Rabatte, um ein Gefühl der Dringlichkeit zu schaffen.

- Schnelle Kaufabwicklung und Bezahlung.

-Risiko durch eine Geld-zurück-Garantie ausschließen- Um den Kaufprozess schnell und reibungslos zu gestalten.

Sie müssen zeigen, dass es für den Kunden einfach ist, das Geschäft abzuschließen. Gehen Sie ihnen aus dem Weg und sorgen Sie dafür, dass die Kaufabwicklung für den Nutzer so nahtlos wie möglich verläuft.

6. Engagement und Upselling mit Follow-up.

Nach dem Kauf ist der Trichter nicht zu Ende, wenn der Kunde erst einmal im Trichter ist. Die Zeit nach dem Kauf ist enorm wichtig, und Sie können die Beziehung, die Sie während des Verkaufs aufgebaut haben, weiter ausbauen. Schicken Sie eine Dankes-E-Mail, in der Sie dem Kunden mitteilen, wie er das

Produkt verwenden oder nutzen kann, und ihm bei Bedarf weitere Unterstützung anbieten.

Ja, dies ist Ihre Phase für Upselling oder Cross-Selling. Zeigen Sie zum Beispiel benachbarte Artikel/Dienstleistungen, die mit Dingen zusammenhängen, die sie zuvor gekauft haben, oder eine Kombination davon. Entwickeln Sie starke Beziehungen zu Ihren Kunden, die für immer zurückkehren und Sie vermarkten ... im schlimmsten Fall: Brand Ambassadors.

7. Verwenden Sie den Trichter zum Analysieren und Optimieren.

Sie können die Konversionsraten, die Öffnungsraten Ihrer E-Mails, die Klickraten auf CTAs und die Konversion auf der gesamten Verkaufsebene verfolgen. Diese Informationen helfen Ihnen, die einzelnen Stufen des Trichters zu verändern und datengesteuert zu arbeiten.

Sie können sehen, welche Art von Werbemaßnahmen die beste Reaktion hervorruft oder wo Ihre Leads im Trichter abfallen. Das Testen und Anpassen Ihres Verkaufstrichters wird Ihnen helfen, am Ende des Trichters Zeit zu sparen, wenn es darauf ankommt, um sicherzustellen, dass mehr Leads zu zufriedenen Kunden werden.

Ihr Verkaufstrichter ist eine lebende, atmende Maschine, und die Erstellung eines solchen Trichters (falls Sie dies noch nicht getan haben) wird Ihr Unternehmen verändern. Die richtige Strategie und ein wenig Magie können dazu führen, dass Leads, die nichts über Sie wissen, auf ihrem iPhone nach rechts wischen.

Wenn Sie Ihre Lead-Magneten, E-Mail- und Verkaufstrichter nutzen und Ihre Angebote clever gestalten, werden Sie letztlich mehr Leads gewinnen und einen Kunden fürs Leben gewinnen. Der Trick besteht darin, jeden Schritt so reibungslos, lohnend und verlockend wie möglich zu gestalten, damit Ihre Leads zu zahlenden Kunden auf Lebenszeit werden.

• *E-Mail-Marketing mit Canva: Beeindruckende E-Mail-Kampagnen erstellen, die konvertieren.*

Auch heute noch ist das E-Mail-Marketing eine der wirkungsvollsten Methoden, um Ihre Zielgruppe zu erreichen und mehr zu verkaufen. Wenn Sie ein neues Produkt auf den Markt bringen, einen Verkauf ankündigen oder einfach nur Ihre Abonnentenliste pflegen, ist eine E-Mail-Kampagne das i-Tüpfelchen.

Allerdings müssen die E-Mails optisch ansprechend sein, damit sie in den überfüllten Posteingängen durch ihre Schwingungen eine unverwechselbare Botschaft vermitteln. Und schließlich muss ein Design vorhanden sein, das konvertiert.

Canva ist ein Grafikdesign-Kraftpaket, das Ihnen helfen kann, schöne Designs für Ihre E-Mail-Marketingkampagnen zu erstellen, auch wenn Sie nicht zur Kategorie der Designer gehören. Mit Canva können Sie attraktive E-Mails erstellen und von der Kopfzeile (z. B. als Blickfang) bis hin zu wirklich sauberen Layouts, die von Profis erstellt wurden, eine Wirkung erzielen. In den folgenden Abschnitten erfahren Sie, wie Sie Canva nutzen, um E-Mail-Kampagnen zu entwerfen, die gut aussehen und Aio-Kunden konvertieren lassen.

1. Wie Sie optisch ansprechende E-Mail-Kopfzeilen erstellen.

Die Bestellung Ihrer Abonnenten befindet sich im Posteingang neben der Betreffzeile/dem E-Mail-Header. Geben Sie Ihr Bestes, um eine aussagekräftige Nachricht zu übermitteln. Die Betreffzeile zieht die Blicke auf sich, und der E-Mail-Header ist im Wesentlichen eine ergänzende Aussage, die Ihre Botschaft in einem Tonfall wiedergibt, der einen ersten Eindruck vermittelt.

Mit Canva können Sie ganz einfach eine Kopfzeile erstellen, die den Stil Ihrer Marke repräsentiert, um individuelle Kopfzeilen zu erstellen. Entscheiden Sie sich für die E-Mail-Header-Vorlagen von Canva oder entwerfen Sie Ihren eigenen von Grund auf mit Canva.

Betonen Sie Ihre Kopfzeile mit fetten Schriftarten, Markenfarben und guten Bildern, die plakativ eingesetzt werden und hervorstechen. Denken Sie daran, dass die Kopfzeile einen Bezug zum Inhalt Ihrer E-Mail hat und den Leser darüber informiert, was er öffnen soll.

Wenn Sie z. B. eine Sommeraktion durchführen, könnte Ihre Kopfzeile lustige Grafiken, einen großen Text "Summer Sale - Bis zu 50 % Rabatt" und eine starke Aufforderung zum Handeln (CTA) enthalten, um den Empfänger zum Öffnen der E-Mail zu bewegen. Mit der Drag-and-Drop-Benutzeroberfläche von Canva können Sie nach Herzenslust experimentieren, um das Passende für Ihre Kampagne zu finden.

2. Aufbau eines kohärenten Designs mit Vorlagen.

Konsistenz ist das A und O beim Branding, und mit Canva ist es ein Kinderspiel, ein thematisches Design für alle Ihre E-Mail-Marketingmaterialien zusammenzustellen. Wenn Sie Newsletter, Einladungen zu Veranstaltungen oder andere Materialien erstellen, bietet eine Canva-Vorlage Hunderte von Layouts, die Ihnen helfen, Ihre Marke zu führen.

Es gibt verschiedene Vorlagentypen, von minimalistisch bis hin zu etwas aufwändigeren, aus denen Sie die beste für Ihren Inhalt auswählen können. Und was ist das Beste an diesen Vorlagen? Sie können sie anpassen - Schriftarten, Farben, Bilder und Layouts, um sicherzustellen, dass das Endprodukt die

Stimme und visuelle Identität Ihrer Marke repräsentiert.

Wenn Sie z. B. ein neues Produkt verkaufen, verwenden Sie professionelle Vorlagen mit großen Produktbildern oder minimalem Text, um die wichtigsten Vorteile des Produkts zu vermitteln. Oder, sagen wir, für eine Werbebotschaft, die Sie versenden wollen, können Sie eine Fülle von Farben und auffälligen Vorlagen verwenden, um die Dringlichkeit der Botschaft zu erhöhen.

3. Effektiver Einsatz von CTAs.

Doch egal, wie elegant und hübsch Ihre E-Mail aussieht, versuchen Sie, sie mit einem guten CTA (Call to Action) zu motivieren. Der CTA ist das Element, das jemanden am Ende dazu bringt, den nächsten Schritt zu tun, sei es ein Kauf, die Anmeldung zu einem Webinar, das Herunterladen einer kostenlosen Ressource usw.

Erstellen Sie in Canva klare und anklickbare Schaltflächen, die inmitten Ihres E-Mail-Designs zu sehen sind. Erstellen Sie diese CTA in umgekehrten

Farben (passen Sie sie an Ihr Branding an!), um die Aufmerksamkeit auf sie zu lenken, ohne das gesamte Design zu verlassen. Gängige Formulierungen wie "Jetzt einkaufen", "Mehr erfahren" oder "Jetzt starten" sollten kurz und direkt sein und wenig der Fantasie überlassen.

Noch wichtiger als die Platzierung Ihres CTA ist, dass er an der ersten Stelle steht, gleich nachdem Sie erklärt haben, wie wertvoll Ihr Angebot ist. Canva bietet CTA-Schaltflächen oder Hyperlinks, die zu Ihrer Landing Page/Produktseite führen.

4. Personalisierung von E-Mails mit benutzerdefinierten Grafiken.

Das bedeutet nicht nur, dass Sie die Person im Textteil einer E-Mail ansprechen, sondern auch, dass Sie Inhalte erstellen, die für die jeweilige Zielgruppe relevant sind. Mit Canva können Sie Ihre Grafiken oder Bilder für verschiedene Teile Ihres Publikums segment-spezifisch gestalten.

Angenommen, Sie versenden Werbe-E-Mails für verschiedene Kundensegmente. Möglicherweise müssen Sie Banner oder Grafiken entwerfen, die individuell auf jedes einzelne Segment zugeschnitten sind. Aus der großen Bildersammlung von Canva können Sie leicht eine Grafik entwerfen, die einen Rabatt auf nachhaltige Produkte für umweltbewusste Kunden oder eine neu erschienene Kollektion für modebewusste Abonnenten zeigt.

Empfängerspezifische Bilder oder Illustrationen tragen ebenfalls dazu bei, den Empfänger anzusprechen und der E-Mail eine persönliche Note zu verleihen.

5. Optimieren für mobile Geräte.

Da eine große Anzahl von Menschen E-Mails über ihr Handy liest, müssen Sie Ihr E-Mail-Design für Mobilgeräte optimieren.

Da die responsiven E-Mail-Designs von Canva für mobile Bildschirme skaliert werden, gibt es einige Designüberlegungen, die Ihre E-Mails auf allen Geräten schön machen.

- Halten Sie Ihren Text prägnant: Mobilen Nutzern steht eine geringere Bildschirmgröße zur Verfügung, daher ist Präzision wichtiger.

- Größere Schriftgrößen verwenden: Der Text muss auf einem kleineren Bildschirm lesbar sein; wählen Sie lesbare Schriftarten und eine größere Schriftgröße für Überschriften.

- Achten Sie darauf, dass die CTA-Schaltflächen "antippbar" sind: Die Schaltflächen müssen groß genug sein, um auf Mobiltelefonen angeklickt werden zu können.

Mit Canva können Sie sehen, wie Ihr E-Mail-Design auf verschiedenen Geräten aussehen wird, und Sie können das Design bei Bedarf ändern.

6. Verfeinern und Testen Ihrer E-Mail-Kampagnen.

Durch A/B-Tests verschiedener E-Mail-Versionen (mehr dazu später: Betreffzeile, Bild, CTA) können Sie feststellen, was bei Ihren Followern ankommt. Mit Canva ist es sehr einfach, Entwürfe zu erstellen und

Test-E-Mails zu versenden, um das Erscheinungsbild im Vergleich zu früheren Sendungen zu überprüfen.

7. Integrieren von Canva-Designs in Ihre E-Mail-Marketing-Plattform.

Mit Canva entwerfen Sie die E-Mail, exportieren die Dateien und importieren sie zurück in Ihre E-Mail-Marketing-Software wie Mailchimp, Constant Contact oder was auch immer es sein mag.

Bei den meisten E-Mail-Clients können Sie Ihre Entwürfe in den E-Mail-Builder oder Content-Editor der Plattform hochladen, was das Kopieren und Einfügen von HTML-Code und das Einbetten von Grafiken beinhaltet.

Mit Canva haben Sie eine wunderschöne E-Mail entworfen, die in Ihren Posteingängen ganz anders aussehen wird. Denken Sie jedoch daran, dass Ihr Text, die Betreffzeile und der Versandzeitpunkt genauso wichtig sind wie die Frage, ob die Abonnenten aktiv werden oder nicht.

Eine hübsche E-Mail mit Canva zu gestalten, ist nur der Anfang; es geht darum, eine Absicht zu entwerfen.

Jedes Element (von der Kopfzeile bis zum CTA) sollte dem Endziel dienen und die Zielgruppe zu der Aktion führen, die sie ausführen soll.

Mit den Designfunktionen von Canva können Sie E-Mails erstellen, die wirklich angeklickt werden. Sie können sich damit austoben und tolle E-Mail-Kampagnen entwerfen, die das Engagement und die Konversionen ankurbeln.

• *Bezahlte Anzeigen mit Canva-Designs schalten.*

Die Schaltung von bezahlten Anzeigen auf Facebook oder Instagram ist eine der effektivsten Möglichkeiten, um die Besucherzahlen zu steigern, die Markenbekanntheit zu erhöhen und den Umsatz zu steigern. Aber Ihre Anzeigen müssen in einem Meer von präzisen Online-Flächen gedeihen, an denen Sie gerade vorbeilaufen, daher ist Aufmerksamkeit mehr als notwendig; sie sollte erwartet werden.

Das Gute an Canva ist, dass du mit den einfachen Design-Tools wunderschöne, geschäftsgerechte

Anzeigen für deine Produkte erstellen kannst, die dafür sorgen, dass du in der digitalen Welt ganz oben landest.

Wir zeigen Ihnen, wie Sie Ihre Anzeigen auf Facebook und Instagram mit Canva wie ein Profi gestalten können, um echte Ergebnisse zu erzielen.

1. Verstehen Sie Ihr Zielpublikum.

Während wir mit dem Design beginnen, ist es entscheidend zu wissen, wer Ihre Anzeigen auf Facebook und Instagram sehen soll. Auf Facebook und Instagram gibt es zum Beispiel ein leistungsstarkes Targeting anhand von demografischen Daten, Interessen und Verhaltensweisen, aber auch das Standort-Targeting ist sehr umfangreich.

Wenn Sie Ihre Zielgruppe genau kennen, können Sie Anzeigen erstellen, die auf den Interessen der Zielgruppe basieren und sie zum Handeln veranlassen.

Besetzen Sie bestimmte Märkte (junge Berufstätige, berufstätige Mütter, Fitnesstypen) und richten Sie alles auf eine bestimmte Zielgruppe aus, um Messaging, visuelle Elemente und Angebote zu erstellen. Je persönlicher eine Anzeige erscheint, desto wahrscheinlicher ist es, dass jemand auf diese Anzeige reagiert.

2. Wählen Sie das richtige Anzeigenformat.

Facebook und Instagram: Komm schon! Für jeden Augapfel gibt es mindestens acht Anzeigenvarianten, und das täglich milliardenfach. Das Gute daran ist, dass Canva die Erstellung von Anzeigendesigns in den meisten Formaten leicht macht:

- Karussell-Anzeigen: eine Reihe von Videos und Bildern, durch die die Nutzer wischen Einzelne Produkte und die Geschichte, die sie erzählen, sind gut.

- Einzelbild-Anzeige: Dieses Einzelbild hat eine großartige Überschrift und eine zum Nachdenken anregende Aufforderung zum Handeln.

- Videoanzeigen - kurze, interessante Videos, die zeigen, wie das Produkt funktioniert und wofür Ihre Marke steht.

- Instagram & Facebook - bildschirmfüllende Anzeigen in Richtung Stories.

Snapchat - Äußerst hilfreich für schnelle und beeindruckende Inhalte mit nur einem Snap.

Das perfekte Anzeigenformat für Ihre Kampagne ist eine Karussellanzeige, um ein neues Produkt zu bewerben, da Sie mehrere Blickwinkel/Details zeigen können. Eine Einzelbildanzeige ist eine weitere Möglichkeit, den Bekanntheitsgrad mit niedlichen Memes zu erhöhen.

3. Unbekannte Designs für das Auge.

Jetzt zum Design: Canva bietet eine Reihe von Vorlagen, die dir bei der Erstellung von Social-Media-Anzeigen helfen.

Diese flexiblen Vorlagen helfen Ihnen, mit persönlichen Eingaben Zeit zu sparen. Für diejenigen, die ein auffälliges Design erstellen möchten, sind dies meine besten Tipps:

- Seien Sie mutig und prägnant: Ihre Überschrift sollte kurz, einprägsam und gut lesbar sein. Der Text sollte in Bildern zu wenig sein; weniger ist mehr Text, der das Bild überlagert. Vermeiden Sie eine Verbarrikadierung mit Text. Ihre Worte sind zu einfach | die Marke Target bleibt einfach. Fassen Sie sich kurz.

- Qualitativ hochwertige visuelle Inhalte: Sie müssen Bilder oder Videos verwenden, die von hoher Qualität und für die Botschaft, die Sie Ihrem Publikum vermitteln wollen, relevant sind. Schauen Sie sich die Canva-Bibliothek mit Archivbildern an oder laden Sie Ihre eigenen hoch, damit die Anzeige auch wirklich Ihre ist.

- Markenkonsistenz: Baut die Markenerinnerung auf. Achten Sie darauf, dass Ihre Schriftart, Ihre Farben und Ihr Logo auf das Gesamtthema der Marke abgestimmt sind. Canva bietet Marken-Kits, mit denen Sie das gleiche Aussehen für jedes Design beibehalten können.

- Starke Handlungsaufforderung (CTA): Ihr Publikum muss wissen, was es als Nächstes tun soll, ob es Ihre Website besuchen, einen Newsletter abonnieren oder etwas kaufen soll.

4. Optimieren Sie Ihre Anzeigen für Mobilgeräte.

Über 90 % der Nutzer verwenden mobile Geräte für Facebook, Instagram und andere Websites. Das bedeutet, dass Ihre Anzeigen mobilfreundlich sein müssen. Canva kann dafür sorgen, dass die Vorlagen sowohl auf Desktops als auch auf Smartphones gut aussehen, aber Sie sollten noch einmal überprüfen, ob der Text lesbar ist und das Bildmaterial auf kleineren Bildschirmen scharf aussieht.

Stellen Sie sicher, dass Ihr Design schön und einfach ist, damit es auf kleineren Bildschirmen nicht unübersichtlich wird. Führen Sie gegen Ende Ihres Anzeigentests Tests mit verschiedenen Bildschirmgrößen und Geräten durch, um sicherzustellen, dass Sie bei der Schaltung Ihrer Anzeige keine Probleme haben.

5. A/B-Tests für beste Ergebnisse.

Halten Sie Ihre Anzeigen auch nach der Veröffentlichung aktiv; bleiben Sie nicht bei 1 Design. Ein großartiges Hilfsmittel zum Ändern und Testen verschiedener Anzeigenversionen, die Sie dann verfeinern können, sind A/B-Tests. Sie können

Variationen bei Überschriften, Bildern, CTAs oder sogar Ihrer Zielgruppe testen.

Sie könnten zum Beispiel zwei Anzeigen schalten: eine Testversion mit einer Schlagzeile, die die Produktvorteile hervorhebt, und eine weitere für ein zeitlich begrenztes Angebot. Verfolgen Sie die Ergebnisse und lassen Sie sich von den Daten bei der Gestaltung Ihrer künftigen Anzeigen leiten. Mit A/B-Tests können Sie Ihre Kampagnen kontinuierlich optimieren und so den bestmöglichen Return on Investment erzielen.

6. Leistung überwachen und anpassen.

Sobald Ihre Anzeigen live sind, ist es an der Zeit, deren Erfolg zu überwachen. Analyse - Die Anzeigenmanager von Facebook/Instagram liefern Ihnen auch detaillierte Daten über Ihre Anzeigen, einschließlich Reichweite, Klicks, Konversionen und Engagement.

Wenn einige Anzeigen nicht die gewünschte Leistung erbringen, sollten Sie sich nicht scheuen, diese zu optimieren. Möglicherweise müssen Sie Ihr Targeting anpassen und ein neues Bild oder einen neuen CTA testen. Eine der wichtigsten Komponenten für den Erfolg im allgemeinen digitalen Marketing ist die ständige Aktualisierung und Optimierung Ihrer Anzeigen.

7. Bleiben Sie bei Ihrem Budget.

Sicher, bezahlte Anzeigen können teuer werden, und es lohnt sich, zu verfolgen, wie viel Sie ausgeben, um die bestmöglichen Ergebnisse zu erzielen. Beginnen Sie mit kleineren Budgets, um zu testen, welche Anzeigen am besten funktionieren, und passen Sie Ihr Budget entsprechend an. So gut das Social-Media-Design von Canva auch sein mag, die Effektivität Ihrer Anzeigen hängt weitgehend davon ab, wie gut Sie Ihre Ausgaben für Anzeigen verwalten.

Sie müssen kein Vermögen für gut aussehende, konversionsstarke Anzeigen ausgeben. Beginnen Sie mit einem kleinen Budget und passen Sie es nach und nach an. Facebook und Instagram bieten ein geringes Maß an Analysen zu den Ausgaben, so dass Sie eine verantwortungsbewusste, ausgabenbewusste Königin oder ein König werden können.

Das Entwerfen einer effektiven und kreativen Anzeige, die Besucher und Verkäufe anlockt, erfordert Kreativität und Strategie. Ein toller Blickfang, der die Augen auf deine Arbeit lenkt. Dies ist eine aufmerksamkeitsstarke Anzeige auf Canva!

Wenn du deine Zielgruppe kennst, die richtigen Anzeigenvorlagen und die Designfunktionen von Canva verwendest und ein wenig experimentierst und optimierst, kannst du Anzeigen erstellen, die toll aussehen und gut funktionieren.

Mit einem ausgefeilten Plan, schönen Bildern und ein wenig Optimierungsarbeit werden Ihre bezahlten Anzeigen zu einer ernstzunehmenden Kraft für das Wachstum Ihres Unternehmens und den Abschluss von Verkäufen. Also legen Sie los, lassen Sie sich treiben und sehen Sie, wie Ihre Canva-Kreationen mit Klicks zu Kunden werden!

SCHLUSSFOLGERUNG.

Abschließend lässt sich sagen, dass die Abenteuer auf Canva Cashflow, der erstaunlichen Plattform von Canva, mehr sind als nur ein einfaches Design-Tool, sondern ein Tor zu unendlichen Möglichkeiten. Was auch immer Sie tun möchten (als angehender Unternehmer, tagsüber als kreativer Freiberufler oder wenn Sie ein zusätzliches Einkommen erzielen wollen), Canva hat die Werkzeuge, die Sie brauchen, um Ihre Ideen in einkommensschaffende Vermögenswerte zu verwandeln.

Wie Sie oben sehen können, wissen Sie jetzt alles, was es über Canva zu wissen gibt und wann Sie es einsetzen sollten. Ob du beeindruckende Designs erstellst, eine E-Commerce-Website aufbaust oder bezahlte Anzeigen schaltest - du kennst jetzt die Geheimnisse der erfolgreichsten Kreativen und Unternehmen, um ihre Marken zu vergrößern und Geld zu verdienen.

Das Problem ist, dass es nicht ausreicht, visuell großartig zu sein. Was man braucht, sind zielgerichtete Erfahrungen, die Nutzung von Trends und wertorientierte Schritte, um diese Leidenschaft für Design zu monetarisieren.

Die Zugänglichkeit von Canva ist das, was sie wirklich auszeichnet. Sie müssen kein Designer sein oder über Scumware verfügen. Sie können mit den Tausenden von Vorlagen, Grafiken und Schriftarten kostenlos gestalten. Sie können professionelle Designs mit nur einem Klick erstellen!

Es ist ein Geschenk des Himmels für Menschen, die behaupten, sich von der Masse abheben zu wollen, aber in Wirklichkeit die Dinge mit ihren technischen Kenntnissen zu sehr verkomplizieren.

Aber dann ist da noch das Wichtigste: der Gewinn. Bei unserem letzten Treffen haben wir über verschiedene Möglichkeiten gesprochen, deine Designs zu Geld zu machen, indem du Vorlagen auf Etsy verkaufst, digitale Produkte herstellst (z. B. Ebooks und Planer) oder als Freiberufler das tust, was dir gefällt. Nichts davon ist eine Idee; es sind konkrete Aufgaben, die du erledigen kannst, um dein eigenes Canva-basiertes Geschäft aufzubauen.

Canva hat Kreativen die Tür geöffnet, um mit Überzeugung und Gewissheit in ein Online-Geschäft einzusteigen. Damit ist gelungen, was viele für unmöglich hielten: die Verbindung von künstlerischer Liebe mit Einkommensströmen, die den Lebensunterhalt sichern.

Canva ist Ihr Marketing-Guru. Die Plattform bietet Ihnen alles, was Sie brauchen, um hervorragende Beiträge für soziale Medien, E-Mail-Kampagnen, Anzeigen usw. zu erstellen. Sie brauchen kein großes Marketingbudget oder ein Publishing-Tool, um auffällige Grafiken für Ihr Publikum zu erstellen.

Wenn Sie Ihre Zielgruppe kennen und wissen, wie Sie das Design für sie optimieren können, sind Sie in der Lage, effektives Marketingmaterial zu erstellen, das die Aufmerksamkeit auf sich zieht und Leads in zahlende Kunden verwandelt.

Aber bei Canva geht es nicht nur um kurzfristige Gewinne. Es geht darum, einen dauerhaften Wiedererkennungswert zu schaffen und ein profitables Einkommensmodell zu entwickeln. Wenn Sie alternative Einkommensströme ausprobieren, finden Sie auch heraus, was zu Ihrer Nische passt.

Du entdeckst, wie du deine Bemühungen skalieren, deine Designs verbessern und eine breitere Masse erreichen kannst. Dank der unglaublichen Funktionen von Canva, wie z. B. Automatisierungs-Tools, Co-Create und mehr, hast du mehr Spielraum, um deinen Prozess zu optimieren und stetig zu wachsen.

Noch erfreulicher ist natürlich, dass Canva sich ständig verbessert, indem es neue Funktionen und Tools hinzufügt, die Ihnen helfen, mit der Mode in Ihrer Branche und Ihrem Wettbewerbsniveau Schritt zu halten.

Angefangen bei der Möglichkeit, benutzerdefinierte Social-Media-Posts zu erstellen oder Integrationen für verschiedene Plattformen in Canva zu erstellen, die Ihnen einfach Zeit sparen und Ihr Unternehmen voranbringen, wird es immer innovativer, damit Ihr Unternehmen weiter mit ihm wachsen kann.

Der Wert von Canva Cashflow beschränkt sich jedoch nicht auf seine Tools und Taktiken. Es ist großartig, weil man nicht erst einen formalen Geschäftsabschluss erwerben oder arbeiten muss, um bis dahin Geld zu verdienen.

Es spricht für die Erkenntnis, dass Sie die Kreativität, die Werkzeuge und den Ehrgeiz besitzen, etwas Wertvolles zu schaffen, sei es ein zusätzliches Einkommen, das zu Ihrem neuen 9-5-Job wird, oder etwas, das es Ihnen ermöglicht, ein anderes Leben zu führen.

Denken Sie daran, dass Erfolg Zeit braucht und dass es immer mehr zu lernen gibt. Das Schöne an Canva ist, dass es sich nicht um ein einmaliges Produkt handelt. Es ist dein Erwerber für das Leben, ein lebenslanger Partner in deinem Schöpfer Marketing Biz Chancen ☐ Sie werden in Ihrem Tempo zu bekommen, wie Sie die Entwürfe zu erkunden, verfeinern die Marketing sie tun und entwickeln Sie Ihre Marke.

Und jetzt ist es an der Zeit, all diese Dinge umzusetzen. Egal, ob du dein erstes Produkt auf den Markt bringst, eine erste Werbekampagne startest..., oder einen Kurs erstellst, komm und nimm ihn an.

Was ist eine Sache, die du in deinem Leben manifestieren kannst?

Bei Canva Cashflow geht es nicht nur darum, ein wunderschönes Design zu entwerfen, sondern auch darum, die Designs zu nutzen, um eine große Geldranch zu werden, die deinen Traum sichert.

Reihe
"Klügere Strategien für moderne Unternehmen"

- Erkundung des offenen KI-Spielplatzes: Freisetzung von Kreativität mit AI
- Snagit für den Erfolg: Steigern Sie Ihre Produktivität mit leistungsstarken Screen Captures.
- ChatGPT für Profit: Reichtum, Geschäft und tägliche Anwendungen erschließen.
- Canva Cashflow: Gestalten, vermarkten und profitieren mit Canva.

"Einfluss der sozialen Medien."

- Steigern Sie Ihren Einfluss in den sozialen Medien auf Facebook.
- Steigern Sie Ihren Einfluss in den sozialen Medien auf YouTube.
- Steigern Sie Ihren Einfluss in den sozialen Medien auf Instagram.
- Steigern Sie Ihren Social Media-Einfluss auf TikTok.
- Steigern Sie Ihren Social Media-Einfluss auf Reddit.
- Steigern Sie Ihren Social Media Einfluss auf Pinterest.
- Steigern Sie Ihren Social Media-Einfluss auf Twitter.
- Steigern Sie Ihren Einfluss in den sozialen Medien auf LinkedIn.

Bitte schauen Sie bei Amazon nach weiteren Büchern aus dieser Sammlung.

Autor Bio

Aaron liest leidenschaftlich gern und lernt, wie man die Rentabilität in den sozialen Medien maximieren kann. Inspiriert durch ihr Wissen und ihren Enthusiasmus beschloss sie, ihre Erkenntnisse durch das Schreiben zu teilen. Dieses Buch ist erst der Anfang - weitere Titel werden in dieser Sammlung folgen! Folgen Sie ihr auf Amazon, um über zukünftige Veröffentlichungen auf dem Laufenden zu bleiben.

Vielen Dank für Ihren Kauf! Ihre Unterstützung bedeutet mir wirklich die Welt, und ich schätze Sie sehr als geschätzten Leser.

Gott segne Sie.

Aaron Cockman.

Printed in Poland
by Amazon Fulfillment
Poland Sp. z o.o., Wrocław

53866507R00077